# 文旅产业指数研究

刘志明　著

中国社会科学出版社

**图书在版编目（CIP）数据**

文旅产业指数研究／刘志明著．—北京：中国社会科学出版社，2020.10
ISBN 978－7－5203－2257－7

Ⅰ.①文…　Ⅱ.①刘…　Ⅲ.①旅游经济—研究报告—中国　Ⅳ.①F592

中国版本图书馆 CIP 数据核字(2018)第 059477 号

出 版 人　赵剑英
责任编辑　喻　苗
责任校对　韩天炜
责任印制　王　超

出　　版　中国社会科学出版社
社　　址　北京鼓楼西大街甲 158 号
邮　　编　100720
网　　址　http://www.csspw.cn
发 行 部　010－84083685
门 市 部　010－84029450
经　　销　新华书店及其他书店

印　　刷　北京明恒达印务有限公司
装　　订　廊坊市广阳区广增装订厂
版　　次　2020 年 10 月第 1 版
印　　次　2020 年 10 月第 1 次印刷

开　　本　710×1000　1/16
印　　张　12.25
插　　页　2
字　　数　165 千字
定　　价　68.00 元

# 前　言

毫无疑问，由于多种因素的叠加，文旅产业成为过去一个时期发展最快，也是最受各界关注的产业之一。但另一方面，文旅产业研究又是一个缺乏精准数据支撑，研究成果普遍薄弱的行业领域。造成这种状况的重要原因之一，是文旅产业外延无限宽泛而使内涵变得相对模糊。首先，旅游业就不是一个单一产业，而是一个产业集群，具有多样性和分散性。横向上，旅游产品由单一的游览观光发展为不同主题的游览，如乡村旅游、休闲度假、自驾旅游、康养旅游等；纵向上，"旅游 +"带来泛旅游产业的融合，如农业、大健康、体育、地产等，形成众多旅游新业态。其次，文化与旅游的融合，进一步拓展了文旅产业的外延，加剧了内涵的模糊性。文化和旅游本来就存在着天然的密切关系，就文化对旅游的影响来说，旅游可以被看成一种文化现象。因为旅游的各个组成部分均受到不同层次文化的影响，并呈现出"旅游的文化性"特征；就旅游对文化的影响而言，旅游参与文化生产和消费过程，尤其随着大众旅游的普及，其影响广度和深度不断扩展，并呈现出"文化的旅游化"特征。2018 年 3 月，原文化部和国家旅游局合并组建成新的文化和旅游部。在国家政策层面上，文化与旅游真正实现了互通互融，这是国内文化与旅游产业融合发展的重要节点，也对文旅产业研究提出了新的课题和挑战。

人类已经从 20 世纪"信息时代"进入了 21 世纪的"创意时

代”，作为最大的创意产业，文旅产业也必将成为21世纪最具发展前景的产业。但由于文旅产业的多样性、多变性，往往使得获取有关行业研究的真实可靠的数据变得十分困难。如游客人数、旅游收入等旅游行业统计数据的准确性一直为各方所诟病，传统的人工统计方法基于统计学的填报和抽样调查，存在着游客规模估计不准、统计效率低下等问题。如何提升数据的精准性、科学性和有效性，是文旅产业研究与发展面临的重要课题。

从2014年开始，中国社会科学院中国舆情调查实验室与中国旅游报社合作共同组建了旅游舆情智库，致力于旅游大数据的采集与研究方法的探索。此后，在旅游舆情智库的基础上，联合阿里巴巴集团重新组建了文旅产业指数实验室。其核心使命之一就是构建文旅产业评价指数体系。文旅产业指数是一种表明文旅产业动态的相对数，运用指数可以测定不能直接相加和不能直接对比的文旅产业各个领域的总动态、分析文旅产业总变动中各因素变动的影响程度。在未来的文旅产业研究中将扮演越来越重要的角色。文旅产业指数按所反映的现象范围不同，分为个体指数和总指数。前者反映文旅产业具体个别领域变动的相对数，如游客满意度指数、夜游发展指数等；后者是表明文旅产业整体变动的相对数，如文旅产业发展指数、文旅产业影响力指数、文旅产业消费指数等。本书是过去6年旅游舆情智库和文旅产业指数实验室有关文旅产业指数研究的主要成果的汇总。

全书共分为十三章，可以分为三大部分：第一部分为文旅产业和指数研究方法的概况，由序章到第三章构成，包括文旅产业指数体系的构建意义与方法、疫情后的中国文旅产业面临的问题与挑战、数字文旅发展现状与评价方法和旅游目的地竞争力指数；第二部分是文旅传播力指数，由第四章至第七章构成，包括文旅新媒体传播力指数、抖音传播力指数、万里茶道传播力指数和乡村民宿传播力指数；第三部分是文旅影响力指数，由第八章至第十二章构成，包括夜间旅游影响力指数、旅游景区影响力指数、文旅企业影响力指数、乡村旅游影响力指数和黄河旅游影响力指数。

本书的相关报告在数据采集和研究分析阶段，得到了包括中国旅游报社、阿里巴巴集团、字节跳动、西北旅游文化研究院、中国城市影响力实验室、清博大数据、问卷网等机构的支持，在此一并表示感谢。

刘志明

2020 年 8 月 18 日

# 目　　录

# 序　章

## 构建文旅产业指数体系

过去的10多年，旅游从一部分富裕阶层或中产阶层的行为变成了不分城乡、地域以及阶层的大众行为，不仅覆盖面迅速扩大，旅游频度也在迅速提升，从而带来旅游者行为、意识和旅游形态的日益多样化。消费升级和新的消费革命推动中国旅游全面进入大众化、多样化和国际化的新时代。但传统旅游业的发展远不能适应旅游新时代的需求，普遍存在市场秩序混乱、旅游环境欠佳、服务品质不高等问题。

旅游业并不是一个单一产业，而是一个产业群，由多种产业组成，具有多样性和分散性。传统意义上的旅游产业要素就是人们经常提到的“食、住、行、游、购、娱”，而广义的旅游产业则包括景区、旅行社、旅馆服务业、餐饮服务业、交通业、娱乐业和其他众多相关行业。随着中国旅游业的迅速发展，传统的旅游产业要素进一步扩展，各要素相互交织形成了一个紧密的旅游产业链。横向上，旅游产品由单一的游览观光发展为不同主题的游览，如乡村旅游、休闲度假、自驾旅游、康养旅游等；纵向上，“旅游+”带来泛旅游产业的融合，如农业、大健康、体育、地产、文创等，形成众多旅游新业态。

与此同时，随着智能手机全面普及，各种新媒体形式不断涌现，我们开始迈入人人皆媒体的时代。它不仅带来了信息传播技术的根本性变革，而且改变了人们的生产活动、生活方式、思维方式、语言表达方式和社会交往方式。游客从静态的、被动的信息接收方转为动态的、主动的信息互动方，并可以自助选择和发布信息，其自主地位大幅度提升。在这种大背景下，实体空间的旅游和虚拟空间的旅游体验的界限日益消融，新媒体传播、口碑传播变得越来越重要。

在这种大背景下，无论是各级行政部门对文旅行业的管理，还是各级文旅企业、景区的业务运营，都需要进行数字化转型升级。特别是旅游业以中小微企业为绝对主体，规模以上企业占比低，治理结构普遍不健全，缺乏数据的积累和管理。因此，构建全面而客观的文旅行业评价指数体系，对于提升行业的管理水平，促进文旅产业有序融合和健康发展，有着不可或缺的意义。

## 一　构建文旅产业指数体系的背景与意义

### （一）弥补中国旅游统计数据的不足

从统计数据看，过去的10多年，中国旅游产业一直保持高速增长。据中国旅游研究院发布的《2019年旅游市场基本情况》，2019年我国旅游总收入为6.63万亿元，同比增长11%；旅游业对GDP的综合贡献为10.94万亿元，占GDP总量的11.05%；旅游直接就业2825万人，旅游直接和间接就业7987万人，占全国就业总人口的10.31%。其中，国内旅游人数60.06亿人次，比上年同期增长8.4%；国内旅游收入5.73万亿元，比上年同期增长11.7%。去年全年，出入境旅游总人数3.0亿人次，同比增长3.1%，其中，入境旅游人数1.45亿人次，比上年同期增长2.9%；中国公民出境旅游人数达到1.55亿人次，比上年同期增长3.3%。

但也有不少业内人士对以上旅游统计数据提出质疑，认为我国旅游数据中的旅游人次和收入统计存在明显的注水问题。造成行业对旅游统计数据信任度低的一个重要原因是缺乏明晰的旅游统计概念和标准。如游客到某地旅游，在交通工具、景区、酒店等环节往往会被重复统计多次。关于旅游的概念全国各地没有制定明确的统计标准，而旅游收入更是和实际有很大偏差。

此外，旅游企业的统计数据也存在不完整和不完善问题。如文化和旅游部门只有 A 级景区的统计，非 A 级景区未列入统计范围；旅游住宿业只有星级饭店统计，众多的非星级饭店，如经济型饭店、度假地、民宿等未纳入统计，没有建立统一的旅游住宿统计体系。

2015—2017 年的三年间，出现过一次文旅投资热潮，各地纷纷上马各种规模的文旅项目。但若干年后回头看，成功的旅游项目只占少数，大多数门庭冷落，还有一些则是彻底失败，造成巨大的资源浪费。这其中原因尽管是多方面的，但不可否认的是，失败的项目往往与当初进行可行性研究建立在虚假数据之上有着直接关系。

“知易行难”，旅游统计的完善不仅存在种种实际困难和体制上的阻碍，而且即使开始实施，也需要一个非常漫长的过程。在这种大背景下，基于旅游大数据和舆情调查数据构建科学准确的文旅产业指数，打造文旅产业的晴雨表，一定程度上可以弥补统计数据质量不稳定造成的缺憾，对于文旅产业的健康发展有着重要的意义。

### （二）新媒体时代旅游管理提升的需要

长期以来，旅游市场秩序失衡与混乱一直是困扰中国旅游业健康发展的顽疾。而强化和改善对旅游市场秩序的管理，也一直是近年来各级旅游管理部门的核心工作之一。

随着大众旅游时代的到来，散客化成了必然趋势。绝大多数时间，游客的活动范围在传统旅游景区之外，很多纠纷、问题也和传统的旅游管理无关。如青岛“天价大虾事件”就发生在街头摊边。由于当地政府部门应对不够及时和得力，使得一个很小事件发展成为对城市的旅游形象造成严重伤害的旅游市场秩序案件。

价格战是旅游行业竞争过程中被普遍使用的手段，由此造成的不合理低价游成为旅游业的“顽疾”。这类旅游陷阱通常以较低的价格吸引游客，而在旅游过程中又会加上其他名目强制游客消费。监管部门多次对这类现象进行查处，各地方管理部门也不断出台措施遏制不合理低价游现象，然而整体来看，相关行为仍然是屡禁不止，在各种旅游市场秩序案件或投诉中，与不合理低价游相关的案件长期占据首位。而改变这种状况，除了加强监管力度外，通过大数据的支持，提升监管的精准度至关重要。

旅游是一个综合性非常强的产业领域，旅游市场秩序问题涉及的范围也非常广泛，包括旅行社、在线旅游、景区、导游、旅游交通、旅游住宿、旅游餐饮、旅游购物、旅游娱乐等。通过构建旅游市场秩序综合评价体系，可以对各个地区所有与旅游市场秩序的水平进行综合评价，得出真实可靠的结果。由于旅游行业的综合性，注定了旅游市场秩序的管理不能仅仅依靠旅游部门。而旅游市场秩序指数的构建，有助于建立倒逼机制，推动旅游目的地各个政府部门积极参与旅游市场秩序的治理与监管。

### （三）服务于旅游新媒体营销的效果评估

新媒体的传播方式和规律与传统媒体有很大不同。在社交媒体上，人们通过不断的交互，参与到对话当中，就某个议题进行辩论或者达成共识，其影响的速度、深度和广度是其他任何媒体都无法比拟的，自媒体、网红经济、粉丝经济也随着社交媒体的发展而发展。

新媒体的发展让旅游精准营销成为可能。景区利用新媒体技术进行大数据挖掘，便可分析出用户的年龄、性别、所在地区、消费水平、喜爱偏好等，这些数据便可以帮助景区进行产品定位、精准广告投放以及采取不同的营销组合策略。新媒体将传统的单一线性销售模式变为互动交流式的销售模式，利用消费者的反馈来进行私人订制、产品升级与产品营销，不仅节约成本，还做到了效果最优化。

目前，越来越多的旅游目的地城市、旅游企业把互联网等数字媒体作为其营销传播的主要渠道。对旅游影响力和传播力进行评价，是准确把握旅游营销传播效果的必由途径。研究文旅产业影响力指数对于提升中国旅游传播水平与旅游品质有着重要的意义。

## 二　文旅产业指数指标体系

### （一）文旅产业影响力指数

随着中国社会发展和人们经济意识的增强，各种指数正越来越多地影响我们的生活，如上证指数、深证指数、基金指数。其中，与人们最贴近的要数消费物价指数（CPI），它是反映一定时期内城乡居民所购买的生活消费品价格和服务项目价格变动趋势和程度的相对数，是对城市居民消费价格指数和农村居民消费价格指数进行综合汇总计算的结果。从它们的数字变化，可以分析出人们的消费习惯、市场的发展变化状况等重要的信息，从而达到预测市场和经济走向的目的。由于指数具有直观性和指导性，其重要性逐步得到广泛认知。

文旅产业指数是一种表明文旅产业动态的相对数，运用指数可以测定不能直接相加和不能直接对比的文旅产业各个领域的总动态；可以分析文旅产业总变动中各因素变动的影响程度；可以研究总平均指标变动中各组标志水平和总体结构变动的作用。

文旅产业指数按所反映的现象范围不同，分为个体指数和总指数。前者反映文旅产业具体个别领域变动的相对数，如游客满意度指数、夜游发展指数等；后者是表明文旅产业整体变动的相对数，如文旅产业发展指数、文旅产业影响力指数、文旅产业消费指数等。

在各种与文旅产业相关的指标体系中，影响力是最核心的指标。在传统经济时代，对于一个城市或者企业来说，GDP 规模或者经济效益是最重要的指标。而对于当今时代的文旅产业来说，最重要的是影响力。一个城市也许没有 5A 级景区，但只要有了足够影响力和人气，就能成为吸引各方游客的网红城市。对于旅游企业来说，可以暂时没有利润，但不能没有影响力。反过来说，影响力是利润和收益的前提条件。没有影响力也就很难有好的经济效益。因此，文旅产业影响力指数可以成为文旅产业指数的总指数。

文旅产业具有多样性和分散性的特性，其评价对象包括各级旅游管理部门、旅游景区、旅行社、住宿业、娱乐业、旅游服务企业等。而旅游产业影响力评价指标体系主要由两部分构成，即文旅产业竞争力和营销力。

### （二）文旅产业竞争力指数的指标构成

文旅产业竞争力是各旅游目的地、企业在旅游市场竞争中表现出的获取产业发展要素、争夺市场份额并获得一定盈利的能力。是来自于各方面的影响因素而构成竞争的合力，又具体分为旅游资源环境和旅游管理能力两个方面。

1. 旅游资源环境

由旅游资源吸引力、区位条件、生产要素、旅游设施、外部环境因素等指标构成。旅游资源吸引力的大小直接决定区域旅游市场规模的大小和旅游需求层次、旅游收入的高低；区位条件，如旅游目的地的区域是否地处交通要道或枢纽，在一定程度上影响着旅游业的竞争力；生产要素指发展旅游业所需要的各种投入，包括旅游企业生产经营中所需要的人力资源、资本资源、物质材料等；旅游设施是专门为旅游者提供服务的各种服务设施设备，如住宿设施、餐饮网点、区域内交通、娱乐购物场所等；环境因素是影响旅游竞争力的宏观因素，包括经济环境、自然环境、技术环境和社会文化环境。

2. 旅游管理能力

旅游管理可以分为政府部门管理、企业管理和项目管理三个层面。其中，政府旅游管理体制是指对整个旅游经济活动和运行进行协调与管理的组织形式、机构设置、职权划分和管理制度的总和。旅游管理体制是旅游管理的基础和核心，其渗透到旅游管理的各环节、各领域和各个方面，是旅游经济活动正常开展和旅游经济有效运行的重要保障，旅游管理水平的高低也是衡量旅游主体影响力的重要指标。

一般说来，旅游业管理由四个子系统组成，即旅游管理决策系统、旅游管理监控系统、旅游管理信息系统和旅游管理组织系统。一方面，各子系统有自身相应的组织机构，充分发挥各自的管理职能，保证旅游决策的科学性、调控的有效性、监督的严格性、信息的及时准确性；另一方面，各子系统能互相沟通，围绕着统一的宏观旅游管理目标而运行，共同完成旅游管理的目标。旅游企业和项目的管理则包括体制、服务水平、危机应对、投诉处理等。

### （三）文旅产业营销力指数的指标构成

旅游营销的最终目标是增加旅游市场销售额，拓展新的市场，发展新的游客，培养和强化游客的忠诚度，增加及扩大旅游产品的价值，提高公众的兴趣，争取旅行社及其他中间商的支持，创建良好的旅游形象等。旅游营销的主要方法有：旅游活动营销、新媒体营销（如网络、微信、微博、短视频等）、旅游品牌营销、旅游体验营销、旅游整合营销、旅游互动营销等。文旅产业营销力主要分为两个维度，一是传播力，二是品牌力。

1. 传播力

文旅产业传播力是指通过传播产生的影响受众态度乃至行为的能力，用于衡量各个旅游目的地和旅游机构利用各种媒体开展营销传播的能力与产生的效果。衡量传播能力的指标主要有传播广度、深度、互动性和创新力。广度是指利用各种传播手段进行覆盖的范围。

在新媒体时代，文旅传播力主要是通过新媒体传播力来测量。新媒体的发展让精准营销成为可能。新媒体将传统的单一线性销售模式改变为互动交流式的销售模式，同时将消费者也纳入企业盈利的价值链当中，实现了双方合作共赢。

2. 品牌力

品牌力等同于旅游传播的效果，是各种传播活动对受传者和社会所产生的影响和结果的总和。旅游目的地形象或品牌力是游客选择旅游地的重要判断依据。一个旅游地良好、清晰的形象使其容易在众多的旅游目的地中凸显出来，引起消费者的注意和偏爱，促使其了解并购买旅游地产品。而保持持久的良好形象，是旅游目的地确保稳定客源的基础。旅游地只有不断地开展营销活动，提升自己的良好形象，才能获得稳定的客源。品牌力衡量指标包括：传播主体的知名度、关注度、美誉度、忠诚度、品牌占有率等。

关注度是指人们对旅游目的地、旅游产品感兴趣的程度，主要通过网络调查和网络搜索指数来测量；吸引力则是旅游目的地、旅游产品吸引游客来游览和消费的能力；美誉度指旅游目的地或旅游企业获得公众信任、好感、接纳和欢迎的程度。

## 三 文旅产业指数评价的数据来源

### （一）行业统计数据

行业统计包括人口、劳动力及土地资源、综合经济、人民生活和游客人数、旅游收入、旅游企业经营数据、旅游机构数量等方方面面。其中，游客人数、旅游收入等旅游行业统计数据的准确性一直为各方所诟病。传统的人工统计方法基于统计学的填报和抽样调查，存在着游客规模估计不准、统计效率低下等问题，相关数据往往很难直接采用。

### （二）旅游舆情大数据

旅游舆情大数据指来自于旅游消费者（游客及潜在游客）对旅游目的地、旅游企业和旅游过程的印象、评价、需求，以及其他与旅游相关的意见、态度等信息的综合，是旅游大数据的核心组成部分。它包括游客在旅游信息获取、旅游计划决策、旅游产品预订支付、享受旅游和回顾评价旅游的整个过程中所产生的各种信息，以及游客对旅游目的地、相关旅游行业的意见、态度、评价等。

中国游客市场规模极大，每年数十亿人次，其中，90%以上为散客，大多采用自助游的形式。在旅游准备、预订、出行、游玩、住宿及事后点评的各个环节，都会产生大量数据。此外，旅游产业涵盖领域广泛，除旅行社外，还包括餐饮、酒店、交通、零售、娱乐等行业。各种基于互联网的传播活动，也会产生大量数据。

### （三）游客调查数据

1. 游客调查数据

主要采用在线调查的形式。调查内容通常包括：消费对象的属性，旅游消费的目的与动机，对旅游产品的要求，消费习惯和爱好，消费的时间、地点和方式，获取信息的渠道，对旅游目的地或产品的评价，消费满意度等。

2. 游客体验数据

主要是基于景区CEM游客体验管理系统采集数据。CEM是近年兴起的一种崭新的顾客管理方法和技术，英文全称是Customer

Experience Management，即顾客体验管理。将 CEM 系统与景区管理相结合，可以帮助景区实时监控游客对景区的评价，并通过可视化的图表展示让景区管理者实时掌握运营情况，及时处理游客的疑问和不满，高效率地提升游客的游览体验，从而提升景区口碑，提升景区的影响力。

# 第一章

# 疫情后的中国文旅产业

2020 年春节期间，新型冠状病毒感染的肺炎疫情开始向全国蔓延。突如其来的疫情造成湖北全省各地“封城”，全国各地延长春节假期，企业延后开工，旅游、餐饮、交通、娱乐等线下消费陷入停滞。停飞、停航、停工、停学、封锁边境等，严重影响正常的社会活动，给各行各业带来巨大打击，其中交通（海、陆、空）、旅行与旅游（在线旅行社、线下旅行社、各种商务、政务、求学、休闲度假、探亲访友等活动）、住宿（酒店、旅馆、度假村、民宿、公寓、宿营地等）、餐饮、娱乐、会展及相关的上下游产业等泛文旅产业受到的打击最大。

疫情发生后，文旅产业指数实验室课题组于 2020 年 2 月和 3 月，分两次实施了“疫情对中国文旅产业的影响调查”和“旅游企业复工复产现状调查”。调查对象为各类文旅企业、政府文旅管理部门和行业协会，前者为 699 个样本，后者为 331 个样本。本章基于两次调查结果以及文旅行业相关数据，就疫情对文旅行业的影响及未来走向做出如下分析与解读。

## 一　疫情对中国文旅产业的影响

### （一）受冲击最严重的产业

本次疫情暴发正好和春节假期重合，受影响和冲击最大的是餐饮业、旅游业、电影娱乐业等 3 个产业。据国家统计局数据，2019 年全国餐饮行业收入为 4.67 万亿元，其中 15.5% 的收入来自春节期间。而今年春节受疫情影响，自 1 月 21 日起，各大型连锁餐厅纷纷接到客户取消年夜饭预订的电话。疫情当前，许多餐厅只能选择给客户全额退款。更严峻的考验接踵而至，自 1 月 25 日起，全国范围内的众多大型商场停业，多家全国连锁餐饮品牌宣布停业，部分地区还出台了禁止所有餐饮店铺营业的紧急通知。初步计算，在第一季度，这一冲击造成餐饮业损失掉 2019 年产值的 40%；第二季度，随着疫情退潮，上述冲击力度衰减为 20%。

春节是除“十一”和“五一”之外的重要旅游时间。2019 年春节假期国内共计 4.15 亿人次的旅游人数和 5139 亿元的旅游收入。今年的春节假期 10 天，全国铁路、道路、水路、民航共发送旅客 1.9 亿人次，比去年春运同期下降近 73%。由于居民纷纷取消出行计划，各主要景点关闭，大型文娱活动取消，仅春节期间，旅游行业的损失就超过 5000 亿元。

从电影市场看，2019 年春节档票房为 58.59 亿元，占全年票房 642.66 亿元的 9%。2020 年春节档总票房近 70 亿元。1 月 23 日，7 部春节档主要影片宣布撤档，所有大型院线也均选择暂停营业。根据 2020 年春节假期受冲击的情况，假定只考虑冲击最大的 3 个行业，电影票房 70 亿元（市场预测）+餐饮零售 5000 亿元（假设腰斩）+旅游市场 5000 亿元（完全冻结），短短 7 天，直接经济损失就超过 1 万亿元。

### （二）疫情造成巨大损失

文化和旅游部于 1 月 24 日下发《关于全力做好新型冠状病毒感染的肺炎疫情防控工作　暂停旅游企业经营活动的紧急通知》，旅游景区和涉旅企业快速响应，全国景区闭园，在线 OTA（境内外）退订，旅行社退团，交通受限，酒店、餐饮接待量急剧下滑。

其中，旅行社行业遭受的损失最显著。一方面是要退团退款，另一方面，已经垫付的资金很难追索。酒店方面，仅春节酒店入住率就较去年同期下降了71%。旅游企业员工人数众多，属劳动密集型企业，地接、导游、司机、销售顾问、客服，全都要用人。收入基本没有了，但房租、人工等固定费用支出较大，现金流压力突出。另一项支出压力来自房租——虽然在线旅游平台兴起多年，但旅游企业大都有线下门店，用于销售与签单。携程、同程等在线平台都有自己的线下门店。特别是在直营零售模式下，企业房租开支较大。

深圳市旅游协会针对本市404家旅游企业[①]的调查显示，2020年春节期间，深圳市的旅游收入损失就达80亿元以上。去年的春节，深圳全市共接待游客735.79万人次，今年减少了90%以上。疫情对深圳市旅游行业造成的损失包括：（1）因禁止经营旅游业务，造成大量退房退团，基本损失所有业务收入，资金链面临断裂，经统计，304家旅行社营业收入损失超过22亿元。（2）面临大量机位损失和酒店损失，部分境外供应商不支持退款。（3）大量场地租金、员工薪资仍需支付。（4）较多国家对中国客人停止签证，出境游损失较大。（5）客人出行意愿降低，未来订单量下滑。（6）疫情恢复时间无法预估，造成企业人员的流失。深圳市2019年旅游总收入1600亿元，如果疫情持续3个月，全年至少减少收入480亿元。

来自中国旅游饭店业协会的数据显示，全国22个省（市、自治区）从1月22日到2月5日，酒店业总收入下降了85.6%。其中，客房收入下降了81.1%，餐饮收入下降了83.9%，其他收入下降了67.3%，人工费用却上升了近20%。

具体来看，国内酒店方面，首旅如家酒店集团旗下50%门店暂时停止营业，正常营业的酒店也仅有10%—15%的出租率；东呈国

① 包括旅行社304家，酒店73家，景区12家，导游4家，其他11家。

际集团营业额下降了80%左右；尚美生活集团仅仅在1月24日到27日四天的时间里就损失了5000余万元，最严重的时期，整体闭店率超过了80%。调查结果显示，受访酒店中现金储备能坚持住半年以上的占8%，能坚持4—6个月的占33%；半数酒店反映可以坚持3个月；此外，还有8%的酒店表示可以坚持两个月，1%的酒店则只能撑住一个月。

来自酒店PMS服务商住哲的数据显示，进入2月份以来，全国酒店行业的营业率进入缓慢上升区间，尤其是2月18日之后的上升趋势最为明显，至2月底的营业率逼近50%，个别省份超过了70%。住宿行业也在各地陆续复工复产后做了一系列适应性调整，携程、美团点评、同程艺龙、飞猪等主流平台及各大酒店集团相继推出了安心取消保障、“安心房”、“放心住”、“安心住”等保障计划，对供应链合作伙伴提出了严格的防疫防控要求，对于消除消费者的后顾之忧、提振消费信心很有帮助。与旅行社业态和餐饮业态显著不同，酒店由于价值不菲的庞大物业的存在，不大会出现倒闭潮，有可能出现的是：并购数量显著增多；行业洗牌力度加大，各式重组频出；部分单体酒店会因困境加大而去拥抱集团化；具有竞争力的集团扩张有可能提速。

### （三）文旅企业经营面临严峻考验

疫情为全国文旅行业带来三大风险，分别是：（1）疫情阻断交通、住宿相关行业，文旅行业经络被断。（2）疫情摧毁出游动机，需求端萎靡不振。（3）疫情压垮中小企业，生态环境需要重组。以旅游行业上市公司为例，自1月20日疫情不断升级以来的短短7个交易日内，旅游酒店板块整体下跌高达18%，在沪深61个行业板块中跌幅最大。其中，中青旅、西安旅游、云南旅游、张家界、腾邦国际、首旅酒店等上市公司下跌幅度均超过20%。另外，和旅游行业密切相关的民航机场、工艺商品板块跌幅也较大。这些数据初步反映出资本市场对此次新冠肺炎疫情影响下旅游行业未来发展的担忧。

调查显示，疫情期间，完全停工歇业的文旅企业接近九成。七成的企业为客户取消了相关订单预订。另外有三成的文旅企业为抗击疫情捐款捐物（见图1—1）。

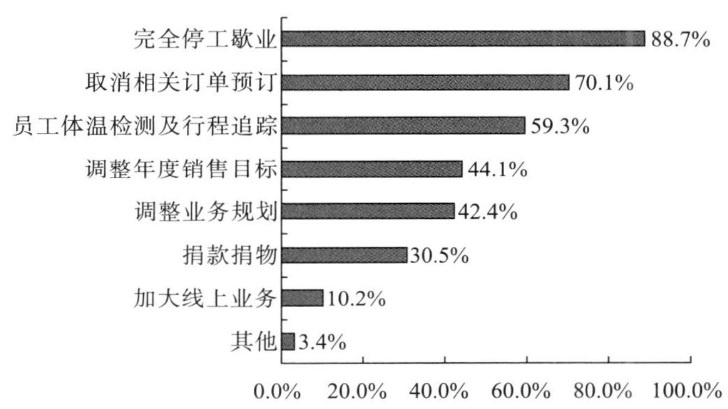


**图1—1　疫情期间的主要工作内容**

对于旅游企业来说，最大的挑战是不能按时复工。调查显示，回答2月20日前复工的企业只有11.8%，超过六成的企业表示无法确定。受疫情影响，中小型文旅企业普遍存在现金流紧张的问题。85%的企业现金流最多维持3个月。如果疫情持续到6月无法正常复工，会有大量企业面临倒闭风险。

调查显示，几乎所有旅游企业在今年春节假期颗粒无收。而对于今年第一季度的营收，认为比去年同期损失60%以下的只有1/4，超过六成的企业认为损失是去年同期的90%以上。

此外，50.2%的企业希望政府在社保、租金、员工薪资等成本支出方面给予补贴或减免。21.3%的企业希望减免税费，希望提供流动性支持的企业占比12.5%，还有10.2%的企业希望适度延期偿还贷款或免除部分债务。

关于疫情对2020年营收的影响，认为能够盈利或持平的只有6.3%。过半数的企业预估会有大幅度亏损；近四成企业认为会有小幅度亏损（见图1—2）。

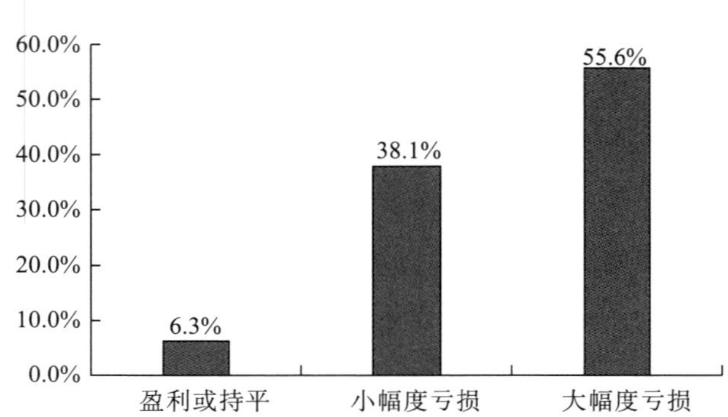


**图1—2　疫情对2020年营收的影响**

关于疫情对中国整个文旅产业的影响，76.1%的被访者回答："严峻，大部分企业生存压力巨大"；23.4%的被访者认为："困难，部分企业面临较大压力"；而认为"未受影响"的只有0.5%。

## 二　文旅企业抗击疫情的举措

### （一）OTA企业

疫情发生后，大量游客集中变更行程，境内外机票、火车票、酒店、门票、用车、当地玩乐等全品类旅游产品均出现了大量退改需求。目前多家OTA垫资数目均达到上亿元。飞猪于1月23日至31日，境内行程订单退订率在70%—80%，境外行程订单退订率在40%—50%；小猪短租上近90%的订单已退订或延期。马蜂窝截至1月30日，已为消费者即时退款垫资5亿多元，涵盖酒店在内的所有旅游产品退订量已经达百万级。

1月21日，携程首先推出了"特殊退改政策"，为确诊以及疑似为新冠肺炎的用户，以及武汉地区的酒店、门票、用车订单进行无损退订。1 月 23 日，携程酒店向全国酒店发起“安心取消保障”倡议，响应该倡议的酒店将承诺“免费为用户退订 2020 年 1 月 22 日至 2 月 8 日（农历腊月二十八到正月十五）期间全部酒店订单”。2 月 5 日，携程宣布向其平台上的机票、酒店、旅游度假等领域合作伙伴推出“同袍”计划，包括投入 10 亿元合作伙伴支持基金和 100 亿元额度小微贷款等 10 项措施。

为尽可能减少因疫情所导致的国民经济发展损失，阿里巴巴发挥平台型互联网企业优势，调动数字经济体内的所有能力和资源，一方面针对疫情阶段的物资供给、物流运力、民生保障、疫情科技攻坚以及舆情导向上提供各项援助和支持；另一方面，关注后疫情阶段如何助力国家经济恢复运转，关注平台中小企业和小微企业帮扶等问题，体现企业的社会担当。

为应对突发疫情，阿里飞猪、淘票票率先协同商家共同保障消费者退改要求，在产品端及支付宝端开设入口，多渠道保障消费者改退权益。随着疫情发展，交通、文旅等部门机构先后下发相关紧急通知和退订政策，以及多国出台入境限制政策，飞猪携手平台商家再次升级服务保障，将疫情期间消费者退订保障政策尽可能简化，将保障时间延长至 2 月 29 日，涵盖酒店类、度假产品类、机票等，尽最大努力减少消费者损失。

### （二）旅行社

在疫情停业期间，多数旅行社企业以修炼内功为重心，一方面加强对员工的培训，另一方面将对经营、配套进行提档升级，做好迎接“春天”的准备。

疫情发生以来，中国旅游集团一方面全力投入疫情防控，关闭景区、酒店等，暂停团队旅游、邮轮旅游等；另一方面稳步有序安排复工复产，确保部分居民需求及时得到满足，为经济社会正常发展贡献央企力量。中国旅游集团旗下中免集团也加大在线服务力度。北京、广州、杭州、海口、三亚等地免税店纷纷提升线上服务水平，让消费者足不出户放心购。其中，三亚国际免税城 1 月 27 日至 2 月 13 日在线累计销售额同比增长 92%。值得关注的是，突发的疫情造成大量旅客行程变更，也相应产生大量的购物、提货变更，导致中免集团在线客服业务量大幅增长。为此，中免集团各地门店快速优化销售预案，充实网上商城和后台服务工作团队，开展 24 小时轮值，确保线上销售渠道畅通、线下服务正常运转。

众信旅游除了拥有旅游批发零售、整合营销服务业务外，更是一直在坚持实施“从旅游到旅行”的发展战略，将业务触角延伸至游学、移民置业、货币兑换、购物退税、海外资源运营等与旅行相关的诸多领域，并取得了较好的成绩。春节复工后，公司将加强课程体系研发，对全体员工进行线上培训；加快产品研发；加快技术系统的开发和应用，为疫情过后的业务恢复积蓄力量。

### （三）酒店业

从投资回报看，投资巨大，但盈利能力很弱。一个酒店的客房出租率要达到 60%，才能做到现金流的自平衡，即使在无灾无难的常态下，行业平均利润率也才 2% 左右，普遍远低于资金成本。在疫情的冲击下，脆弱的酒店业将不堪一击。一方面要应付资产方面的财务压力，另一方面要应对不能不发生的员工工资等固定支出，双面夹击，极易导致资金链断裂，衍生不良资产、员工失业、行业萧条、影响社会稳定等连锁反应。为此，采取怎样有效的举措来渡过此次疫情难关，成了酒店业普遍关注的问题。

锦江国际集团在全球 120 个国家有 1 万家酒店、100 万间房间，在中国有 7500 家酒店，其中 80% 左右是加盟酒店，以中小投资者较多，因此抗风险能力较差。锦江国际集团研究决定筹措 35 亿元资金，推出“五项金融措施”，支持存在流动性困难的酒店渡过难关。分两批投入，第一批 15 亿元，第二批 20 亿元。

随着各地复工期的到来，一批批工作者陆续从家乡返回城市。“居家隔离观察 14 天”成了这些人回到工作岗位前必须完成的事情。然而，有些企业的员工宿舍无法达到“单独隔离”的条件，而有些在外租房的工作人员也难以实现“单独隔离”。针对这样的情况，首旅如家、华住、锦江都城、格林等多家酒店集团陆续在全国范围内推出了“居家隔离房”产品。

## 三　旅游企业复工复产中的问题与挑战

### （一）疫情对旅游企业经营的影响

从 3 月份的调查结果看，疫情给企业造成的损失程度在 30 万元以下的占 27.1%，31 万—50 万元为 21.6%，二者总计近五成；损失超过 1000 万元的企业超一成（见图 1—3）。

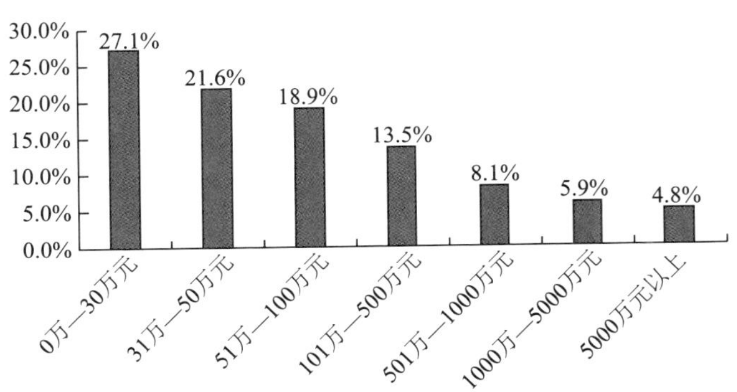


**图 1—3　疫情造成的损失**

对 2020 年经营状况的预期看，认为会盈利的只有 5.2%，持平的为 9.4%；回答大幅度亏损的超过一半，认为可能破产的达 10.8%（见图 1—4）。总体来看，大半旅游企业对 2020 年的经营状况持悲观态度。

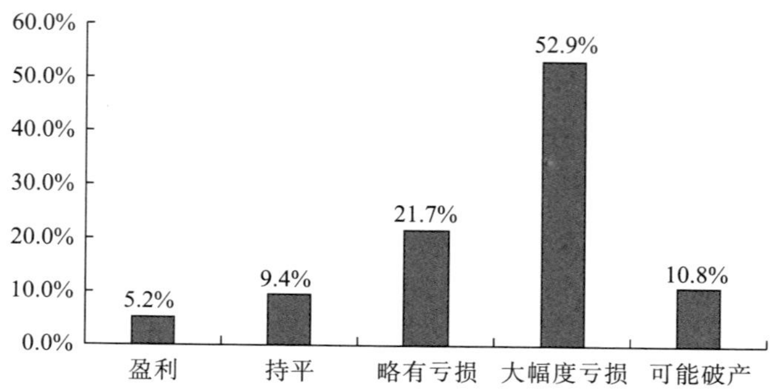


**图 1—4　对 2020 年度经营状况的预期**

此次疫情对旅游企业影响最大的是企业用工，表示会裁员的占 27. 7%、降薪的占 16. 2%、停薪留职的占 10. 5%、停止招聘的占 18. 9%，没有变化的只有 26. 7%（见图 1—5）。

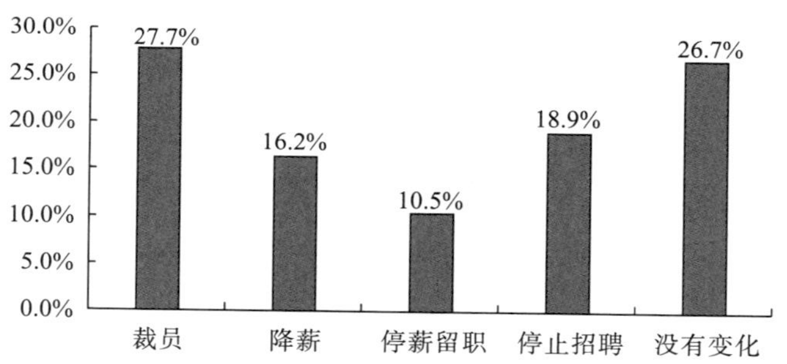


**图 1—5　疫情对企业用工造成的主要影响**

### （二）复工复产过程中的问题

到 2020 年 3 月底，回答已经复工复产的旅游企业只有 24. 3%，高达 75. 7% 的企业还没有复工。从已复工的企业来看，其业务的推进速度也很缓慢，与往年相比，业务恢复到 50% 的企业只占总体的 4. 9%。

关于全面复工遇到的困难，疫情防控没有解除的为 82. 4%，比例最高；其次是流动资金紧张，占比 76.5%；线下客流量小和交通受限占第 3 位和第 4 位（见图 1—6）。

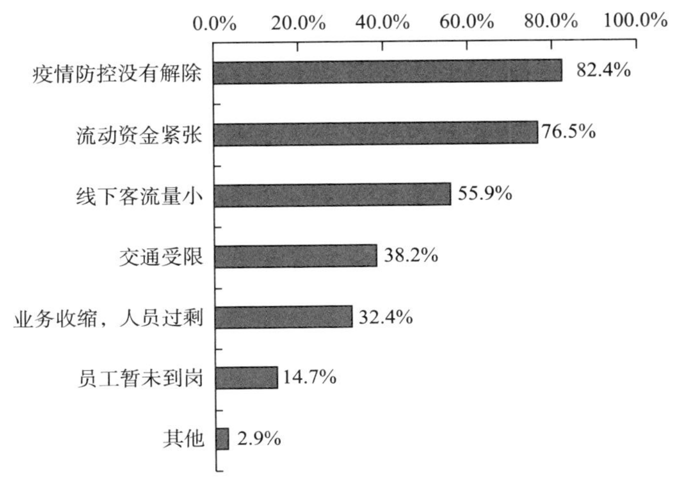


**图 1—6　全面复工遇到的困难**

在复工复产过程中，旅游企业迫切需要的政策扶持首先是资金补助，占比 76.5%；其次是项目支持，为 57.6%；税收优惠为第 3 位，占比 46.8%。其他还有社保减免、金融贷款、房租物业减免等。

延迟开工显然会给企业带来巨大的经营压力，尤其是那些抗风险能力较弱的中小企业，目前的处境应当更加危险。2 月初以来，一些地方政府陆续出台与中小微企业共渡难关的帮扶政策，包括减免租金、延缓纳税以及允许延期缴纳社保，等等。然而，延期缴纳社保虽然可以减轻企业短期的支付压力，但迟早还是得交，有时只是将短期压力延后到了下一个时间段，不足以化解很多企业目前面临的现金流困难。因此，除了应该针对企业缴费部分给予阶段性的减免之外，对于文旅企业，国家层面还需要考虑提供必要的低息或无息贷款，帮助这些企业解决资金方面的问题。

### （三）来自文旅企业的诉求

1. 财政政策是关键，加大减税和补贴力度

适当减免一季度受疫情影响严重的行业，如旅游、餐饮、住宿等行业的增值税，亏损金额抵减盈利月份的金额以降低所得税，对受灾严重的旅游、酒店、餐饮业的所得税执行“免1减2”，即免所得税一年，第二年比照西部大开发企业执行15%的所得税率，帮助企业休养生息；给予企业部分受疫情影响期间受损行业的财政贴息，可暂定一个季度；建议给予企业一次性财政补贴，如不低于企业损失的50%或3个月员工工资。

2. 为信用状况良好的旅游企业提供信贷和贴息支持

为了缓解旅游企业近期的资金压力，建议文化和旅游部利用与中国银行、农业银行、工商银行、国家开发银行等建立的部行合作机制，鼓励银行对发展状况和信用状况良好的旅游企业给予信贷支持，适当下调贷款利率。引导地方政府从文化和旅游产业专项资金中划拨一部分资金，对受疫情影响较大的优质旅游企业银行贷款给予贴息支持。

3. 缓缴旅游企业员工社保和公积金

短期内旅行社、在线旅游平台、景区、酒店/旅馆/民宿等旅游业相关主体的收入将受到巨大影响，而人员工资、房租等各项成本需正常支出，其中人员工资占比较高，企业压力很大。建议文化和旅游部、人力资源和社会保障部对旅游企业给予缓缴一年员工社保和公积金的政策支持，一定程度上降低旅游企业成本和裁员风险。

4. 设立旅游行业疫情扶持基金和政策性保险

建议国家和有条件的地方政府设立旅游行业疫情扶持基金，对受疫情影响极大而本身发展状况良好、未来发展潜力大的旅游企业，采取补贴或入股方式给予一定的资金支持。推广北京市旅游政策性保险服务模式，由政府、保险公司共同设立旅游政策性保险，

政府对优质旅游企业给予保费补贴。

5. 兼顾企业和员工的利益

落实员工带薪休假制度的同时，延长假期及推迟复工期间的薪酬支付由企业合理安排而非强制工资，减少企业因负担过重而复工后大幅裁员的现象出现。

给予在疫情时有担当、有使命感，率先主动支援和配合国家抗疫工作的企业以补贴；给在疫情期间不裁员、有社会责任感的企业以稳岗补贴。为留住人才，在疫情期间和疫情结束后一年内免征旅游、酒店、餐饮行业的个人所得税。

## 四　疫情后文旅行业的发展趋势

从疫情后文旅行业的复苏过程来看，会呈现这样几个特点：(1) 因为商务需求等方面的刚性，住宿业会先于景区行业复苏。(2) 景区有较强的冗余能力，补损能力强，尤其是环境优美的自然景区。(3) 旅行社保险需求尤其是与健康相关的保险产品面临新机遇。(4) 自然研学、户外生存技能研学、个性化定制产品、小团产品、深度游产品有增长新机遇。

### (一) 文旅产品的变化

随着大型综合性文旅项目的饱和，可以预见未来的文旅项目投资将更偏向轻投资、高效能、小而美的产品。这类产品往往具有以下特点。

1. 小而全

即投资相对较小，从百亿级的大型文旅综合体降低 2—3 个数量级，在数千万到数亿之间；但业态全面，游乐、亲子、休闲、体育、教育、餐饮、购物、演艺、夜游、住宿俱全，并不逊色于大型文旅综合体。

2. 经营自平衡

产品造价低、评价高、盈利性强，并充分研究区域消费结构和需求喜好，优化业态产品配比，可以不依赖于地产实现经营性平衡。

3. 重视体验和服务

不再依靠投资巨大的游乐设备，而是靠软产品结合一些投资相对轻很多的游乐项目，去填满游客的时间，使游客获得与众不同的满足。体验是人与人的互动，它会更加细分化、个性化、特色化。而软产品的开发，不仅需要专业团队，还要经过不断试错改进，这一直是业内的弱项。

4. 重视健康与自然的结合

疫情之后，游客会越来越关注自己和家人的健康，注重锻炼、休闲、颐养与自然之美的结合。这些元素与旅居地产结合，将起到非常好的促销和溢价作用。

5. 模块化，适应性强

标准化、模块化是降低项目成本和扩张速度的基础之一，而中国景区的地理特点，又要求这些项目有较强的地形适应性。

### （二）疫情后旅游产业的升级

旅游在中国的发展一直是相对粗放的，旅游经营有一定的惯性思维，比如价格竞争、资源垄断等，造成了整个旅游产品的供给良莠不齐。疫情是放大器，放大了旅游业发展的长期结构性弊端：人力成本高，运营管理难度高，对实体资源依赖性强。前期对线上运作布局投入的匮乏和相应运营基础保障能力的缺乏，让企业主体难以在短期内通过线上运作模式恢复收入。

疫情给旅游产业的发展提供了一个战略冷静期。疫情的发生，会让一些核心能力不强的企业率先退出市场，从而使旅游市场的集中度进一步提升。其结果，可以间接推动行业升级。同时，推动旅游行业价值观的改变，从传统的倚重资源，到真正的“以人为本”。把人的需求作为旅游产品创新的根本驱动力，把人的体验作为旅游产品成功与否的标准。

疫情会催生一些新的业态和模式，重塑人们的消费观念与消费习惯。以健康、生态、家庭这几个关键词为主题的旅游产业或者是旅游业态、思想，将变成一种长期的理念来主导中国旅游市场的发展。也就是说随着人们对生命和健康的追求，那么市场上既有的这种健康型的、生态型的、家庭型的旅游产品，会伴随着人们对这种产品的追求，成为未来市场一个重要的发展方向。

城市周边自驾休闲获得短期青睐。因为在这种重大疫情的影响下，长距离、跨区域的旅游市场，将被疫情的恐惧心理压制住。那么在短时间之内，可能对国内市场来讲，大城市的周边休闲游，或者说以家庭为主导的自驾游，抑或非聚集性旅游活动将成为疫情恢复后，短时间内旅游市场复苏最直接的动力来源。

对于旅游目的地而言，不仅要提供优质的市场化产品，还要强化对消费者的综合服务、公共服务。旅游企业要看清外部发展环境和趋势，理清思路，找准方向，才有可能在疫情过去之后打一个漂亮的“翻身仗”。

### （三）绿色智能构建生态，创新消费业态

1. 促进文旅业品质化发展

抓住疫情后公众对生命健康服务需求上升的契机，加快推进自驾游替代团队游、城郊休闲替代旅游、生态游替代大众游、自然科普游替代场馆科普游。促进自驾游、日常休闲（健康休闲、美式休闲、文化休闲等）、自然科普游以及研学游的全面发展。

2. 加快文旅业智能化发展

吸取疫情对线下文旅业态冲击特别大的教训，加快推进人工智能服务的普及化，引导探索中式分餐制，促进餐饮服务业升级；加

快普及智能（无接触）入住系统，促进住宿服务升级；深化旅游大数据建设，实现从数据收集到数据生产的功能转化；推进文旅融合及其数字化转型，把“科技＋文化＋旅游＋健康”融入文旅业产品与服务创新之中，促进线上线下融合消费，提升数字化生产和数字化发展能力。

3. 构建协同共生的文旅创新创业生态系统

总结疫情下因受益于商业生态系统支撑而受损不大的文旅业态的实践经验。坚持“政府引导，企业主体，市场运营”原则，充分利用文旅类特色小镇等新型创新创业平台，通过财政、税收、金融、土地等系统性政策影响，强力吸引文旅业龙头企业构建专业化、市场化的文旅创新创业生态系统，增强全产业链的网络优势，吸引高质量创业者入驻生态系统，提高创业活跃度和创新频率，增强创新创业质量，满足所在区域公众对文旅业的系统性消费需求，带动所在区域的经济社会发展，打造协同共生的命运共同体，增强抗重大系统性风险能力与系统性内生成长能力。

4. 引导文旅企业完善危机管理

设立专项资金，通过举办形式多样的管理研修班或培训班，引导文旅企业树立全局性、长远性、透视性的战略思维，不被短暂的资本红利所迷惑，提升文旅企业危机管理能力，增强自我修复、自我革新的组织学习能力，适应不确定性越来越强的外部环境。坚持消费端需求引导的文旅产品与服务开发策略，发扬工匠精神，提升运营效率。

# 第二章

# 数字文旅发展指数

2019 年是中国文旅产业数字化元年。在数字技术背景下，文旅产业发展正呈现融合化、生活化、分级化、IP 化、智慧化新趋势。通过 5G 技术引领，可以通过平台连接政府公共资源和目的地商业旅游的“全资源”，以“全用户”为核心，提升“全产业”的服务能级，基于互联网、大数据等先进技术的人工智能服务，与数字身份、数字诚信、金融支付、数字消费等一起构筑全域旅游数字生态。

疫情期间，诸多原本发生在线下的文旅活动被搬到线上，云娱乐、云直播、云看展等新业态不断涌现，在线服务消费得到快速发展。文旅产业向数字化转型已成为产业升级、产业创新和产业融合的重要途径。

本章在介绍数字文旅产业发展背景的基础上，就各省数字文旅发展水平和数字景区发展的现状及面临的问题进行分析探讨。

## 一 文旅产业的数字化时代

### （一）“新基建”与产业数字化

伴随着以人工智能、大数据、区块链、5G 等现代信息技术为核心的新技术革命的来临，全球范围内正在进入全新的数字时代，数字经济成为全球经济创新发展的新动力。2020 年 5 月 22 日，“新基建”被写入 2020 年政府工作报告，正式上升到国家战略层面。其目的就是通过建设新一代基础设施，加速新一代产业如产业互联网和人工智能的发展，大幅提升经济效率。

“新基建”瞄准的是未来中长期经济的高质量发展，通过加强网络型基础设施建设推动产业结构化变革，进而占据全球新一轮科技和产业革命的先机，谋取未来国际竞争优势。“新基建”包括三个部分：信息基础设施，指新一代信息技术的基础设施，如以 5G、物联网、工业互联网为代表的通信网络基础设施，以人工智能、云计算、区块链等为代表的新技术基础设施，以数据中心、智能计算中心为代表的算力基础设施等；融合基础设施，指深度应用互联网、大数据、人工智能等技术，支撑传统基础设施转型升级，进而形成的融合基础设施，比如智能交通基础设施、智慧能源基础设施等；创新基础设施，指支撑科学研究、技术开发、产品研发的具有公益属性的基础设施，如重大科技基础设施、科教基础设施、产业技术创新基础设施等。

新基建的核心是产业数字化，即在新一代数字科技支撑和引领下，对产业链上下游的全要素数字化升级、转型和再造的过程。

### （二）文旅数字化时代

文旅是目前产业升级和消费升级的产业，年轻人群作为文旅消费的主体，已经完成消费习惯的在线化。在这一趋势下，文旅产业如何通过大数据、云计算、人工智能、物联网等让自身的组织运营、资源和服务在线，提升消费者体验，更加智慧地提升整体运营效率和效益，已经成为全行业的共同发展命题。

文旅企业数字化转型的本质是，在数据 + 算法定义的世界中，以数据的自动流动化解复杂系统的不确定性，优化资源配置效率，构建企业新型竞争优势。对于文旅企业来说，数字化转型及其所要解决的核心问题就是，如何去满足海量的、碎片化的、实时的、多场景的客户需求。

数字产业的发展与基础设施的发展密不可分。5G 网络、云计算、工业互联网、物联网、数据中心等数字基础、人工智能等运算基础，都成为数字文旅产业必要而普遍的新型基础设施。加快文旅产业的数字化基础设施建设，搭建创新型新基建应用场，能促进文旅产业信息化、数字化、网络化、智能化发展，提升数字技术对文旅产业的融合度与渗透力。

### （三）数字文旅解决方案

2019 年 12 月，阿里云携手天猫、高德、飞猪、蚂蚁金服、钉钉、饿了么、友盟 +、大文娱等共同推出 1 +8 数字文旅解决方案。在文旅行业提供全域服务，连接四端（G 端、大 B 端、小 B 端、C 端），通过数智驱动，推动文化和旅游的产业融合，重构新的产业边界。

具体包括：天猫新文创的创意货品服务；高德在游客行前、行中、行后全过程为游客提供一键导航、一键导览、一键导游的一键智慧游服务；飞猪提供景区门票与智慧酒店等服务；蚂蚁金服的刷脸支付和花呗等服务；饿了么提供餐饮服务、商超便利零售、生鲜买菜、生活娱乐和送药送花等即时配送服务；阿里体育的智慧化场馆和数字化营销服务；大麦网的文旅演艺相关服务。

作为其中一项尝试，阿里集团与国家文旅消费试点城市上海、南京、杭州、合肥、苏州、宁波、芜湖和上海徐汇等长三角 7 城 1 区文旅局联合成立长三角文旅消费一体化联盟，共同推进长三角文旅消费一体共商、文旅资源载体网络共建、文旅消费惠民举措共享、文旅产业融合发展共赢的一体化进程。阿里将整合旗下资源，以大数据、广运营为基础，积极配合长三角各地政府打造“文旅消费季”，通过技术赋能、科技串联推进长三角文旅融合协调，提升城市产业效能。

高德地图智慧景区开放平台也尝试为游客提供更规范的旅游消费场所，避免旅游中的消费陷阱。其中，“一张地图游中国”能为游客提供游前、游中、游后全周期服务，为游客提供景区内 + 景区外的全方位信息；还能根据游客特性、出游时间，提供个性化服务。

## 二　省级数字文旅发展指数

### （一）省级数字文旅发展指数 TOP 10

省级数字文旅发展指数评价体系共分为三个层次，即一级指标、二级指标和三级指标。一级指标由基础设施、组织管理、数字内容和传播效果四个指数构成（见图 2—1）。

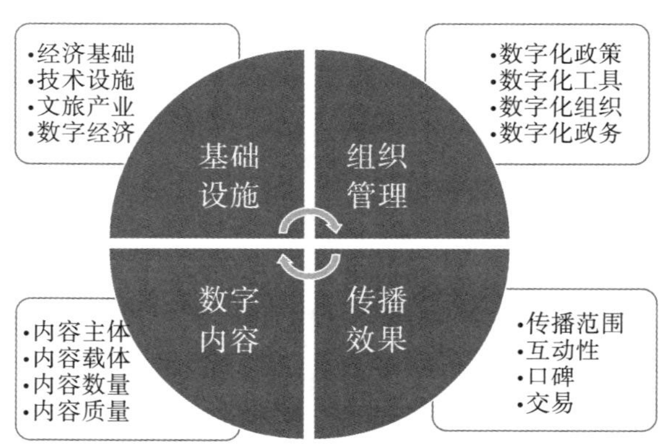


**图 2—1　数字文旅发展指数体系构成**

从二、三级指标构成看，基础设施包括：（1）经济基础（经济发展水平、工业规模、发展质量、人口规模、消费能力）；（2）技术设施（5G 网络、云计算、工业互联网、物联网、人工智能等产业发展）；（3）文旅产业（景区数量、游客数量、旅游企业数量、文旅产业规模）；（4）数字经济（社交媒体、电商、共享出行、共享空间、外卖等共享经济发展水平）。

组织管理包括：（1）数字化政策（对文旅产业数字化的激励政策）；（2）数字化工具（旅游大数据中心、智慧旅游在线服务平台、智慧景区综合管控系统、在线办公系统）；（3）数字化组织（大数据机构、组织的在线化、云化、数据平台、业务平台）；（4）数字化政务（政务微信、政务微博、城市治理）。

数字内容包括：（1）内容主体（景区、博物馆、电影、非遗、文创、文学、游戏）；（2）内容载体（社交媒体、视频直播、APP、旅游电商、场景体验）；（3）内容数量（文章篇数、视频数量、直播场次）；（4）内容质量（专家评价、用户评价）。

传播效果包括：（1）传播范围（覆盖区域、人数、粉丝数量）；（2）互动性（浏览、收看、点赞、转发、评论、在线时长）；（3）口碑（知名度、美誉度、忠诚度、品牌占有率）；（4）交易（商品供给能力、在线转化力、销售额）。

基于省级数字文旅发展指数评价体系和2020年最新数据，省级数字文旅发展指数TOP 10排序为浙江省、广东省、江苏省、四川省、山东省、重庆市、湖南省、海南省、云南省、陕西省（见图2—2）。

### （二）案例分析

1. 浙江省

浙江省文化和旅游厅通过整合各类文旅数字资源，推出数量众多、形式多样、品质较高的线上“云游浙江”产品；依托“诗画浙江文旅资讯”，推出“全景游浙江”服务；“诗画浙江·文化和旅游信息服务平台”项目全功能上线，并在全省贯通、省市县三级推广，汇集18个横向部门数据及业务协同。

温州市以打造“智慧旅游样板城市”为总目标，加快推进政府

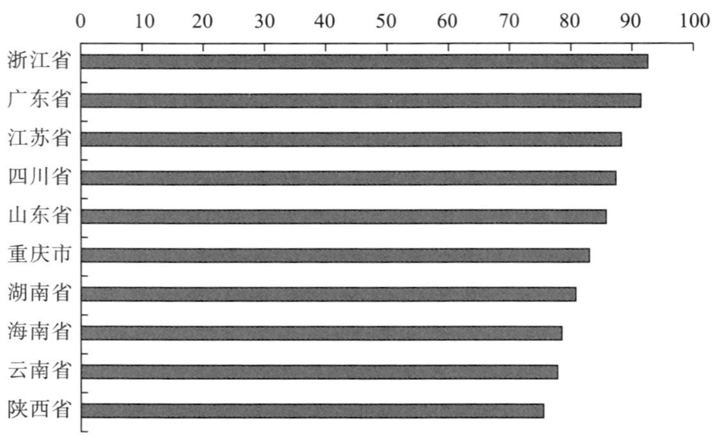


**图 2—2　省级数字文旅发展指数 TOP 10**

数字化转型，基于旅游大数据开发了“智游温州”移动信息服务平台，实现了“一部手机游温州”。

衢州市借助科技创新实现省、市、县旅游数据互联互通；创新使用钉钉移动办公系统进行政务工作；设立“数字文旅处”进行政府数字化建设；创新文旅融合信息平台建设。

丽水市缙云县以打造“智慧旅游、悠游缙云”为目标，先后建成全域旅游大数据中心、智慧旅游在线服务平台和智慧景区综合管控系统，为仙都创 5A、河阳创 4A 和全域旅游示范县创建、“万村千镇百城”建设开拓了新局面，成为缙云县加快文旅产业发展、提升旅游服务品质的新引擎。

2. 广东省

从 2016 年开始，开始启动基于广东“旅游 + 互联网”服务云的公共服务项目，将广东旅游大数据进一步向社会开放共享，构建旅游大数据和云计算支撑平台、旅游政务管理平台（旅游安全应急管理平台）、旅游公共服务平台、旅游网络营销平台和旅游创业创新平台等 5 个平台，覆盖大数据、政务服务、公共服务、营销推广、创业创新等领域。其中，旅游大数据服务中心项目建设，将原有各业务系统、各专项工作数据资源，重新规划、整理和完善，并迁移整合到大数据服务中心云平台，实现数据报送一个入口，数据采集一个账号，数据管理一个大库，数据共享一个标准，打破原有的“信息孤岛”。实现旅游行业各类基础数据、产业运行数据、统计分析数据、气象等数据整合，旅游扶贫重点村、重点景区、质监执法等信息报送实现了手机填报、智能生成报表等功能。

作为广东省数字文旅试点城市，肇庆在全省率先上线“粤好看·肇庆行”数字文旅公共服务平台。平台集成了一系列特色旅游服务，文化场馆、特色景点、体育设施、酒店美食，各地特色活动实时更新。提供多种艺术形式的直播点播，旅游的欢乐随时随地与大众分享。平台后续将引入电子卡包服务，包含了电子身份证、电子驾驶证、电子行驶证等多种常用证照，保证旅行安全便捷。

3. 云南省

“一部手机游云南”2018 年正式上线，融合了目前互联网及信息领域的大部分先进技术，包括深度智能搜索、多终端融合、异构大数据，以及 VR（虚拟现实）、AR（增强现实）和基于人工智能的智能识物、个性化智能推荐、个人助理等。项目覆盖云南全域旅游，涉及了云南旅游的诸要素：近 3000 个政府机构部门、300 多个景区。

“一部手机游云南”项目将互联网和旅游有机结合，实现网络实时互动和多方信息的整合。其中还包含了以下几个创新点：（1）采用跨部门数据整合，用大数据掌控用户行为的方式，推动旅游业态与产品的迭代，全周期助力云南全域旅游；（2）“游云南”慢直播是全国最大的 24 小时景区直播集群，1400 多路高清摄像头，覆盖全省 95% 的 A 级景区；（3）“游云南” APP 公开发布诚信分是企业树立形象的有效途径。

目前“一部手机游云南”平台已经做到全国景区实时直播最大

的平台、全国景区地理信息最全的平台、景区导游导览服务提供最多的平台、旅游投诉处置最快的平台等4个“全国之最”。

## 三　数字景区发展指数

景区数字化首先利用最新的互联网数字技术，为景区建立以数据中心为核心的管理系统，通过景区网络平台及门票管理系统，协同各业务应用系统，为景区提升运营管理水平提供安全、高效的信息化手段，实现“资源保护数字化、经营管理智能化、产业整合网络化”。

新冠疫情后，门票线上化、网络预约售票是大势所趋。景区通过网络预约售票系统，可以实现实名登记、线上购票、分时预约等刚需。这些系统也是数字文旅产业不可或缺的“新基建”。与此同时，景区数字化通过提高景区旅游消费的便利度，可以增强游客的旅游消费需求，对游客消费升级进行引导，进而对扩大内需发挥积极促进作用。

### （一）数字景区评价指数

景区数字化发展水平的评价体系由文旅产业指数实验室与阿里巴巴集团合作完成。其中，一级指标有三个：全链路游客服务、旅游综合管理和全域旅游营销。每个指标的权重见图2—3。

全链路游客服务主要体现在对游客的游前、游中、游后的各类服务的在线化及一定的智能化，这是数智景区最基础的内容，也是游客直接感知最多的部分。总计得分为30分。其中：游前服务在线化的评价指标包括景区实现旅游信息在线发布、实现在线预订及咨询、行前提供其他创新化体验；游中服务在线化评价指标包括在景区实现电子门票购买及电子入园，实现交通出行的提示服务（线上化、智能化），为游客提供电子地图服务，为游客提供智能化讲

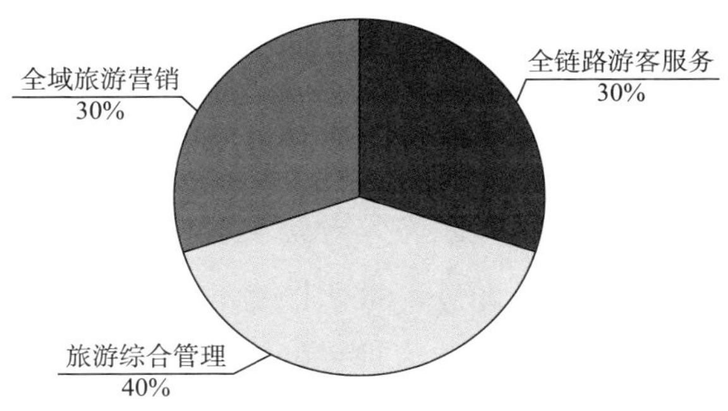


**图 2—3　景区数字化发展水平的评价体系一级指标权重**

解、翻译、无障碍通行的智能化辅助服务，在线支付、订餐与数字化售货服务；游后服务继续在线提供相关商品的线上下单以及到家服务、提供线上对游览体验的后评价体系、景区记忆点的线上记录。

旅游综合管理包括 7 个方面的二级评价指标：完善景区基础安防监控和安全信息发布，建设景区应急指挥系统，提升可视化和应急联动水平；数据相关系统基础建设；设计开发更多数据应用，推动智能化的分析和响应；利用数据对游客及团体进行其他精细化管理；实施数字化的管理与保护；实现宣传和保护的各类联动。只有通过数字化智能化提升了景区安全水平、综合管理水平，才能真正提高景区的运行效率，实现降本增效。

全域旅游营销包括 5 个方面的二级指标：景区文化内容的生产和 IP 建设；数字化的景区文化综合展示；多渠道进行文化内容传播，借助线上营销平台或工具；融合提供各类旅游商品及服务；提升经济效益；数字化营销驱动景区业务模式创新。通过文化内容的生产传播、开展全域营销、实现业态融合，才能创出景区品牌，进一步拉动景区消费，提升景区持续经营的效益。这是“文旅融合、以文促旅、以旅带商”理念的集中体现。

### （二）数字景区发展指数 TOP 10

通过对 280 家 5A 级景区的调查结果看，平均得分为 70.7 分，表现优秀的景区占总体 12%。有些景区虽然提供了一些数字化服务，但由于供给和需求不匹配，导致资源被浪费，同时造成游客缺乏对数字化服务的体验。如许多景区推出的“一键智慧游”系统集合了很多功能，但游客结束游览时才发现有这样的服务系统，但此时游客已不愿意再去下载使用，此系统形同虚设。

其中，全国 5A 级景区数字化发展指数 TOP 10 排序为：故宫博物院、乌镇、方特旅游度假区、黄山风景区、九寨沟景区、武陵源—天门山旅游区、颐和园、长隆旅游度假区、云台山风景区、泰山风景区。

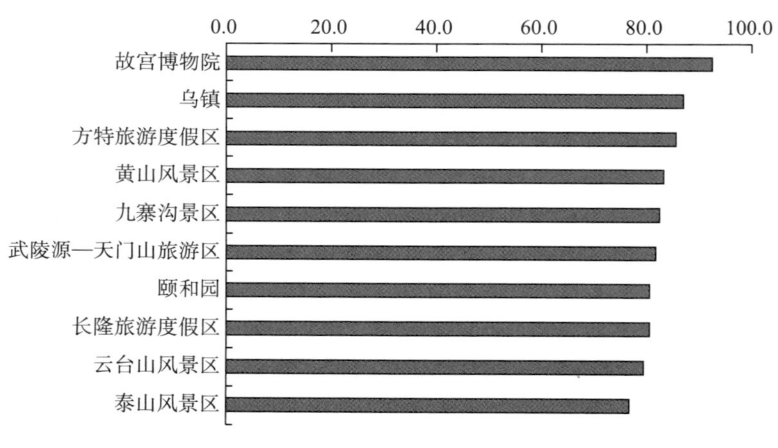


**图 2—4　数字景区发展指数 TOP 10**

### （三）案例分析

1. 故宫博物院

2011 年 9 月，故宫博物院开始尝试网络预售门票，2017 年故宫首次实现全网络售票，正式迈入“博物馆全网售票”时代，每天限额 8 万人线上实名制购票。故宫已经建立了自己的数字博物馆，数字文物库、数字多宝阁、线上小游戏、360°全景故宫。利用高沉浸式投影屏幕、虚拟现实头盔、体感捕捉设备、可触摸屏等设备，AI、VR、语音图像识别等多种先进技术，可以与大众展开更多互动，给观众带来全新的感官体验。利用数字化技术，让故宫的宝藏与人们展开了一场跨越时空的对话，可以从不同的角度观赏藏品，对藏品有更深的了解。与此同时，以景区数字化不断提升博物馆的精细化管理水平，如通过微信公众号提供实景地图完成导航和语音导览，发号分时参观措施，园区内做人流量提示等举措引导游客主动避开拥挤区域等。

2. 乌镇

游客在乌镇游览时，只需花短短 3 秒钟录入人脸信息即可随时刷脸入园，而针对住宿客人，在办理了人脸识别后，可无限次进出景区。每天有近 2 万名游客通过刷脸提升入园游玩效率。除了闸机外，乌镇部分民宿、商店等也采用了人脸识别技术，实现了刷脸入住、刷脸支付。从 2016 年 4 月起，乌镇就逐步在景区的游览车和摇橹船上安装了 GPS 和北斗双模定位系统，并且设立监控调度室，手机扫码即可叫车。

在人脸识别、语音翻译、智能机器人等基础上，乌镇旅游导览平台也正式投入使用。平台功能包括“游客自助在线预约”“景区语音导览”“景区路线规划”“周边信息推送”“酒店客房引领”等。

3. 黄山风景区

黄山风景区通过多年的努力和探索，已经形成了一个覆盖全山的数字服务系统，为景区管理运营提供信息化支撑。如景区在各交通要道、客流集散地、人流量集中处建设了全数字化的 154 个监控点，可对客流情况实时查看；建设了 9 个分控中心，指挥中心与分控中心可进行视频沟通，随时进行各点位监控调度。同时，景区还将进山索道排队的实时情况显示在换乘中心，游客可根据监控显示的排队情况自主选择进山路径，工作人员则可以通过后台智能管理系统查看实时售票人数、检票人数、乘坐索道人数等，以便随时根据售检票情况进行车辆运力、执勤人员等的指挥调度，提高工作效率，降低运营成本。

黄山景区二维码综合服务平台，整合了黄山所有旅游知识、历史文化故事等信息，游客只需扫描对应的二维码即可对黄山雄伟壮观的自然景观和特色的地域文化有大致的了解。

# 第三章

# 旅游目的地竞争力指数

旅游目的地是旅游活动的中心，也是旅游接待的载体，是建立旅游者所需要的旅游吸引物和服务设施的所在地。旅游目的地把旅游的所有要素，包括需求、交通、供给和市场营销都集中于一个有效的框架内，是旅游活动中最重要和最有生命力的部分。

现代旅游业的发展改变了人们的旅游方式和旅游目的地的管理重点，所以旅游目的地的概念也在发生变化。人们对旅游目的地概念的认识与旅游需求的内容有关，旅游需求的变化导致对目的地内涵与外延认识的不断调整，目的地的管理重点和营销重点也随之发生变化。

本章分省域、城市和全域旅游示范区（县域）三个方面，对不同类型的旅游目的地竞争力情况及典型案例进行分析解读。

## 一　省域旅游竞争力

### （一）省域旅游竞争力 TOP 10

从综合竞争力看，TOP 10 的省域中，浙江省、江苏省、广东省、四川省和山东省构成了中国旅游产业第一梯队。这些省份不仅旅游产业规模大，游客人均旅游消费亦有所增长，呈现出由高速增长向高质量发展转变的良好势头。云南省、河南省、陕西省、湖南省和安徽省则排在第二梯队（见图 3—1）。

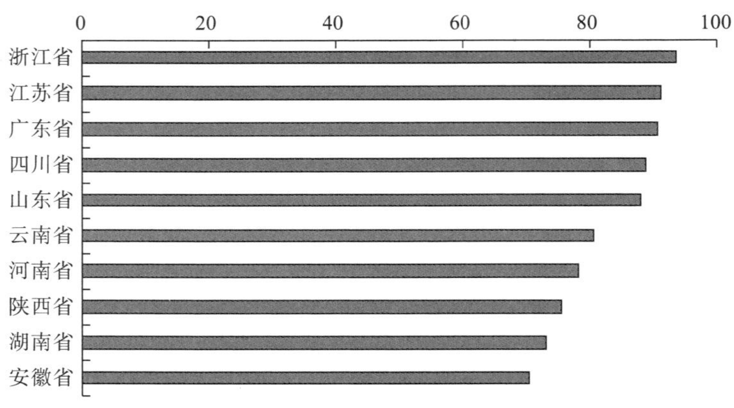


**图 3—1　省域旅游竞争力 TOP 10**

### （二）浙江省

1. 旅游资源

浙江省共有 18 个 5A 级景区，占全国 5A 级景区总量的 6.4%。包括：杭州市西湖风景名胜区、千岛湖风景区、西溪国家湿地公园；嘉兴市西塘古镇、乌镇古镇、南湖旅游区；衢州市江郎山·廿八都、根宫佛国文化旅游区；宁波市天一阁·月湖、溪口滕头旅游景区；台州市天台山旅游风景区、神仙居；温州市雁荡山风景区、舟山市普陀山风景名胜区、金华市横店影视城、绍兴市鲁迅故里—沈园、湖州市南浔古镇、丽水市仙都风景区。

浙江也是特色小镇、高端民宿的发源地。自 2015 年以来，浙江特色小镇从无到有、从有到优，形成了 22 个命名小镇、110 个创建小镇、62 个培育小镇的推进格局。

2. 数字文旅

浙江是互联网大省、信息经济大省，一大批高新企业和科技人才落户浙江，文化领域和旅游领域“互联网 +”“科技 +”方兴未艾，催生了文旅融合新产品、新运用、新业态、新模式，加速形成了文旅融合网络新平台、新载体。特别是随着5G、大数据、云计算、虚拟现实、人工智能等新技术迅速发展，文化、旅游和科技融合向纵深推进，为文旅融合发展注入新动能。

浙江省政府办公厅2020年3月印发《关于提振消费促进经济稳定增长的实施意见》，提出实施数字生活新消费行动、繁荣商圈提能级行动、精品拓市育热点行动、造势聚客旺人气行动、批零改造强流通行动、放心消费优环境行动等提振消费“六大行动”。提出要发挥浙江数字经济先发优势，推动数字生活新服务走在全国前列，打造有国际影响力的消费大省。到2022年，文化和旅游消费年均增幅保持在10%以上。

3. 诗画浙江

浙江省从2015年推出“诗画浙江”品牌，力求全面建成中国最佳旅游目的地，提出了全省大花园建设的具体举措，培育25个全域旅游示范县（市、区）、百个旅游风情小镇和万个A级景区村庄。

浙江的自然景观、人文景观全国领先，山海、文化之都构建了浙江独特的旅游优势。好资源搭载“诗画浙江”品牌，有利于推进旅游的标准化建设。浙江省文旅部门围绕“诗画浙江”总目标和“步步是景点、处处是景区、全省大花园”总要求，全力推进国家全域旅游示范省建设任务。以顶层设计为引领，谋划全域旅游科学化发展。全面融入长三角一体化、“大湾区大花园大通道大都市区建设”行动计划、“四条诗路”建设、十大海岛公园建设、十大名山公园建设等中心工作。以旅游规划，引领旅游开发，培育旅游品牌。

### （三）湖南省

1. 旅游资源

湖南省自然旅游资源与人文旅游资源都极其丰富多彩。从文化资源来看，湖南省有国家级文物保护单位183处，省级文物保护单位866处，国家级非物质文化遗产保护项目118个，省级非物质文化遗产保护项目324个，艺术表演团体439个，全省文化发展水平在中部六省中名列前茅。

自然资源方面，湖南三面环山一面临水，高山、湖泊、森林、丹霞、江流、雪山、花田等景观都能在湖南寻到。人文资源方面，湖南省历史古迹遍布三江四水，如岳麓山、岳阳楼、天心阁、祁阳语溪碑刻、炎帝和舜帝陵墓、平江杜甫墓、“中国十大名陵之一”马王堆西汉古墓等。湖南现有张家界武陵源风景区、邵阳崀山丹霞地貌2处世界自然遗产、湘西老司城1处世界文化遗产、22个国家级风景名胜区、8个5A级景区、91家4A级景区（见表3—1）。

除传统自然、文化旅游资源外，湖南还积极培育旅游新业态。长沙灰汤温泉是首批国家康养旅游示范基地（全国5家），张家界市是首个中国国际特色地质奇观旅游目的地和首批国家绿色旅游示范基地，张家界天门山旅游区被列入首批国家通用航空旅游示范工程，争取批准自驾车房车营地建设项目18个，规划建设自驾车房车营地195个（其中已建设42个），启动4家国家中医药健康旅游示范区、14家国家中医药健康旅游示范基地创建工作，建设16个湖湘风情文化旅游小镇，株洲醴陵瓷谷获批首批国家工业旅游创新单位（全国共22家）。

**表3—1　　湖南省主要文化旅游资源一览**

| 文旅资源类型 | 数量 |
| --- | --- |
| 世界自然遗产 | 2 |
| 世界文化遗产 | 1 |
| 国家级风景名胜区 | 22 |
| 5A级景区 | 8 |
| 4A级景区 | 91 |

续表

| 文旅资源类型 | 数量 |
| --- | --- |
| 国家级文物保护单位 | 183 |
| 国家级非物质文化遗产保护项目 | 118 |
| 艺术表演团体 | 439 |

资料来源：湖南省文化和旅游厅。

2. 文旅融合的“湖南经验”

湖南省文旅融合包括三个层次：第一层融合即推动文化与旅游融合；第二层融合即以文旅融合为核心，带动文化、旅游与其他领域的跨界融合；第三层融合即通过全面对接“对外开放”“智能制造2025”“乡村振兴”三大国家战略，构筑多元立体的文化旅游融合发展新形式（见图3—2）。

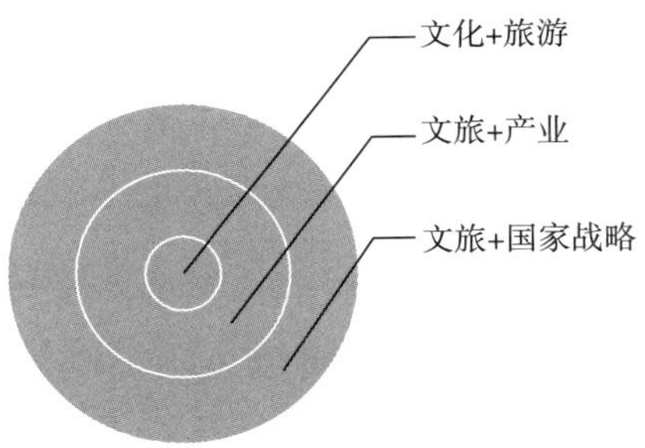


**图3—2 湖南文旅融合的三个层次**

湖南的文旅融合的基础和立足点就是两个基地。其中，文化创意基地将立足影视、出版、烟花等湖南现有优势产业的领先地位，将湖南文化产业置于全国乃至全球的背景下进行重新定位，明确了建设国际新型影视创意中心、数字出版高地、动漫游戏创新基地、全国新型演艺娱乐中心、国内外著名文化旅游目的地、全球创意烟花设计基地、现代创意设计集聚区、非物质文化遗产生产性保护基地等八项重点任务，努力将湖南文化产业打造成在全国地位更高、全球影响更大的湖南发展名片。

3. 动漫与文旅产业的融合

湖南全省从事动漫、游戏、VR、AR 及相关业务的企业达 630 余家，动漫游戏原创工作室 130 余家，原创及相关技术型人员超过 28000 人。全省拥有“国家文化出口重点项目”2 家，全省通过国家动漫企业认证资质的企业达到 28 家，上市企业 4 家。

金鹰卡通卫视稳居中国亲子电视第一品牌、中国原创动漫播出第一平台，覆盖人群超 10 亿。株洲方特梦幻王国是继株洲方特欢乐世界之后深圳华强方特文化科技有限公司兴建的另一现代综合性主题乐园，将动漫卡通、电影特技等国际时尚元素和中国传统文化精妙结合。电竞小镇、主题乐园等一批动漫游戏特色旅游景点建成运营，动漫游戏与文旅项目深入合作的新业态拓展加快，优化了产业结构，有力地助推湖南省动漫游戏产业链融合发展。

## 二　城市旅游竞争力 TOP 10

### （一）城市旅游竞争力评价指标

国际管理咨询公司科尔尼自 2008 年开始编制发布全球城市指数（GCI），全面评估全球主要城市的综合实力水平，基于贯穿 5 个维度（商业活动、人力资本、信息交流、文化体验、政治参与）的 27 个指标对城市的现状进行排名，是评价全球各大城市的影响力、发展程度及核心竞争力重要依据。与此同时，科尔尼还编制全球潜力城市指数（GCO），基于 4 个维度（居民幸福感、经济状况、创新、治理）的 13 个重点指标对城市未来的潜力进行排名。通过对这些指标如环保表现、基础设施配套、创新能力的评估，帮助投资者考量该城市的长期投资潜力和成功可能性。

本章的城市旅游竞争力由两个一级指标，即资源力、管理力，和15个二级指标构成。其中旅游资源包括：城市环境、旅游交通、旅游设施、文化资源、游客数量等；管理力包括：旅游政策、管理体制、旅游收入、服务水平、智慧旅游、创新能力等。

数字化水平是城市旅游竞争力的一个重要评价内容。其中，全链路的城市旅游服务是竞争力基础，需要体现对游客的游前、游中、游后的各类服务的在线化及一定的智能化，这是数智文旅最基础的内容，也是游客直接感知最多的部分。对城市来说，能否形成针对城市的“一站式”的导览、预订、出行、消费、评价以及智能推荐，是衡量数字化是否成功的关键。

城市级旅游安全、旅游综合管理也是城市竞争力必备因素。只有通过数字化智能化提升了旅游安全水平、综合管理水平，才能真正提高城市旅游的运行效率，实现降本增效。这一部分是支撑文旅活动的后台，但也是至关重要的。城市旅游安全和综合管理的数字化和智能化，关键是集成各类系统和数据，联动城市各项管理职能，进一步实现统一的数据分析、智能预测预警以及精细化。

### （二）最具竞争力旅游城市 TOP 10

基于2020年最新数据评价的结果，最具竞争力旅游城市TOP 10排序为：杭州市、成都市、苏州市、西安市、厦门市、三亚市、桂林市、青岛市、哈尔滨市、昆明市（见图3—3）。

### （三）案例分析

1. 杭州市

杭州是浙江省的政治、经济、文化、教育、交通和金融中心，素有“人间天堂”的美誉。杭州人文古迹众多，西湖及其周边有大量的自然及人文景观遗迹，西湖文化、良渚文化、丝绸文化、茶文化，以及流传下来的许多故事传说成为杭州文化代表。

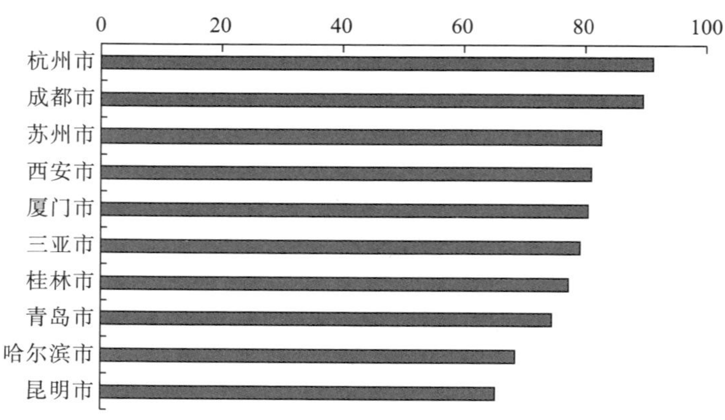


**图 3—3　最具竞争力旅游城市 TOP 10**

杭州历史上曾是重要的商业集散中心，后来依托沪杭铁路等铁路线路的通车以及上海在进出口贸易方面的带动，轻工业发展迅速。新世纪以来，随着阿里巴巴等高科技企业的带动，互联网经济成为杭州新的经济增长点。旅游业一直是杭州的“金名片”，近年来，杭州不仅获得了“中国旅游休闲示范城市”称号，更是先后入选《纽约时报》“全球 52 个最值得到访的旅游目的地”“全球 15 个旅游最佳实践样本城市”等国际性榜单，使得杭州的国际知名度一再扩大。

海外营销，借势粉丝经济。杭州作为国内首批借助社交媒体平台进行海外推广的城市，在过去五年中一直致力于以文化传播为突破口开展国际营销，并通过五大社交媒体平台的互动不断激发粉丝活跃度。例如，2018 年 6 月，杭州市旅游委员会从杭州旅游各社交媒体平台 60 万粉丝中精选出的 10 位“国际网红”，与杭州“铁杆粉丝”一起见证杭州旅游海外社交媒体创建五周年纪念活动。杭州旅游独辟蹊径，借助时下流行的“粉丝经济”，尤其在“后峰会、前亚运”关键时期，为杭州旅游文化营销注入新活力。

整合营销，传递多元形象。随着 2022 年亚运会进入倒计时阶段，杭州精准定位国际市场，启动新一轮旅游整合营销活动。杭州市旅游委员会发布“迎亚运·最忆是杭州”国际旅游整合营销项目，并上线英文版“漫游杭州”（Stroll in Hangzhou）网站和“寻味杭州”（Explore Hangzhou）在线互动游戏，通过多元化的内容与产品来传递杭州旅游的品牌形象。同时，杭州十大最受外国游客欢迎的国际旅游访问点也正式出炉。

发挥优势，助力城市国际化。杭州是中国旅游资源最富集的城市之一，悠久的历史和独特的自然、人文景色造就了其独特的旅游优势。杭州发挥其既有优势，提升杭州旅游品牌的知名度和好感度的同时，助力杭州征战“世界名城”。在一系列营销活动后，杭州在全球最大旅游分销平台 Travelport 继续推广杭州旅游产品，以吸引更多境外游客把目光投向杭州。

2. 苏州市

苏州位于长江三角洲中部，距今已 2500 多年历史，以“小桥流水、粉墙黛瓦、史迹名园”为独特风貌，是全国首批 24 个历史文化名城之一。全市现有文物保护单位 816 处，其中国家级 59 处、省级 112 处。苏州是全国重点旅游城市。平江、山塘历史街区分别被评为中国历史文化名街和中国最受欢迎的旅游历史文化名街。现有保存完好的苏州园林 60 余个。拙政园、留园、网师园、环秀山庄、沧浪亭、狮子林、艺圃、耦园、退思园等 9 个古典园林被联合国列入《世界文化遗产名录》。虎丘、盘门、灵岩山、天平山、虞山等都是著名的风景名胜区。太湖绝大部分景点、景区分布在苏州境内。

政企合力打造线上平台。苏州市政府部门积极对旅游资源进行整合，激励旅游企业参与提升散客服务，并采取政府购买服务的方式引入本地互联网企业，政企合力打造集信息查询、产品订购、消费点评、数据分析等功能于一身的线上旅游平台——苏州旅游总入口。作为苏州旅游的全新打开方式，“苏州旅游总入口”微信公众号提供苏州旅游全方位服务。基于此形成的云数据中心，可对游客属性、行为数据等进行分析，有利于推进旅游产品、监管服务、营销推广全面升级。

完善城市旅游服务措施。衔接火车站、汽车站，停靠主要景点、商贸酒店集聚区的“苏州好行”旅游观光巴士根据市场需求不断优化线路，采用环城串联模式，实现“快行漫游”。在注重完善交通设施的同时，苏州也开展了厕所革命，全市的公厕数量和水平得到了大幅提升，这些努力使得苏州连续2年获评“厕所革命创新城市”，也是江苏省首个获此荣誉的城市。

借势营销利用新媒体。在整合营销的大时代下，苏州既注重借势营销，诸如青岛啤酒节、成都名园门票展，美国NBA比赛、艾美奖颁奖礼等当地大型节庆活动中，均可见苏州的身影。同时苏州也利用新媒体、网络直播等手段，形成全方位、高覆盖的宣传网。

## 三　全域旅游竞争力指数

### （一）全域旅游的发展历程

全域旅游是指将一定区域作为完整旅游目的地，以旅游业为优势产业，进行统一规划布局、公共服务优化、综合统筹管理、整体营销推广，促进旅游业从单一景点景区建设管理向综合目的地服务转变，最大限度满足大众旅游时代人民群众消费需求的发展新模式。全域旅游的提出，不仅是为了解决旅游产业自身的问题，还是提升旅游产业自身发展的路径，更是促进政治、经济、文化、民生发展的有效手段。

迄今为止，原国家旅游局共批准了两批500家国家全域旅游示范区创建单位，覆盖全国31个省区市和新疆生产建设兵团，总面积180万平方公里，占全国国土面积的19%；总人口2.56亿，占全国人口的20%。全域旅游发展历程具体如表3—2所示。

**表3—2　　全域旅游发展历程**

| 时间 | 内容 |
|---|---|
| 2015年8月 | 原国家旅游局下发了《关于开展"国家全域旅游示范区"创建工作的通知》，第一次解读了全域旅游的概念，并对创建工作对象主体、申报指标、程序、工作要求进行了初步的规定 |
| 2016年2月 | 原国家旅游局公布262个市县成为首批国家全域旅游示范区创建单位 |
| 2016年4月 | 原国家旅游局发布《全域旅游示范区创建验收标准》 |
| 2016年9月 | 原国家旅游局公布了《国家全域旅游示范区认定标准（征求意见稿）》并正式向社会公开征求意见。该《标准》包括国家全域旅游示范区认定的基本要求和认定条件 |
| 2016年12月 | 国务院印发的《"十三五"旅游业发展规划》是全国旅游业发展五年规划首次被列入国家重点专项规划 |
| 2017年6月 | 原国家旅游局发布《全域旅游示范区创建工作导则》，为全域旅游示范区创建工作提供行动指南 |
| 2018年3月 | 国务院办公厅印发《关于促进全域旅游发展的指导意见》，就加快推动旅游业转型升级、提质增效，全面优化旅游发展环境，走全域旅游发展的新路子做出部署 |
| 2019年3月 | 文化和旅游部发布《国家全域旅游示范区验收、认定和管理实施办法（试行）》 |
| 2019年9月 | 文化和旅游部公示了首批国家全域旅游示范区名单，入选的示范区遍布全国31个省市（自治区）及新疆生产建设兵团，共71家 |
| 2020年7月 | 文化和旅游部办公厅发布《关于开展第二批国家全域旅游示范区验收认定工作的通知》，决定2020年7月至10月开展第二批国家全域旅游示范区验收认定工作 |

### （二）全域旅游示范区评价指标

国家全域旅游示范区验收标准包括7类基本项，1类创新项，共计1200分；1类不予审核项100分。

全域旅游示范区的合格分数线是1000分，其中改革创新的200分需达到100分以上。从分值分布来看，供给体系、公共服务、创新示范分值最高，三项分值占比56%。可以看出国家全域旅游示范区的创建更加注重全域旅游发展的内涵式发展、创新性突破、主客共享式服务。

最新修订的《国家全域旅游示范区验收、认定和管理实施办法（试行）》和《国家全域旅游示范区验收标准（试行）》，主要对供给体系和公共服务两项相关内容进行调整。

一是将“供给体系”中“具有不少于1个国家5A级旅游景区，或国家级旅游度假区，或国家级生态旅游示范区；或具有2个以上国家4A级旅游景区”修订为“具有不少于1个国家5A级旅游景区，或国家级旅游度假区，或国家级生态旅游示范区；或具有2个以上国家4A级旅游景区；或具有2个以上省级旅游度假区；或具有1个国家4A级旅游景区和1个省级旅游度假区”。这将进一步调动各地创建全域旅游示范区的积极性，使A级旅游景区、旅游度假区等旅游功能区得到有效扩充，更好地促进地方全域旅游发展。

二是将“公共服务”中的“游客服务中心”项分值由25分修订为20分，“智慧旅游”项分值由30分修订为35分。“游客服务中心”分值降低，“智慧旅游”分值增加，一减一增，说明未来建设应规避游客中心的高运维成本和“硬件建设”资源浪费，并引导具有品质化、体验化、服务化的“软件建设”，也证明智慧旅游将成为未来趋势，在未来旅游发展中占有重要地位。

在《国家全域旅游示范区验收标准》中，若出现以下不予审核项行为，将无法达到示范区的基本要求和条件，不能通过示范区验收：（1）重大安全事故：近三年发生重大旅游安全生产责任事故的；（2）重大市场秩序问题：近三年发生重大旅游投诉、旅游负面舆情、旅游市场失信等市场秩序问题的；（3）重大生态环境破坏：近三年发生重大生态环境破坏事件的；（4）旅游厕所：“厕所革命”不达标。可以看出旅游安全、市场秩序、生态环境保护和旅游厕所是全域旅游发展的关键要素和基本前提。

### （三）全域旅游竞争力指数 TOP 10

基于以上评价体系，2020 年全域旅游示范区竞争力指数 TOP 10 排序为：湖州市安吉县、黄山市黟县、上饶市婺源县、保山市腾冲市、南京市秦淮区、南平市武夷山市、中卫市沙坡头区、广州市番禺区、桂林市阳朔县、张家界市武陵源区（见图 3—4）。

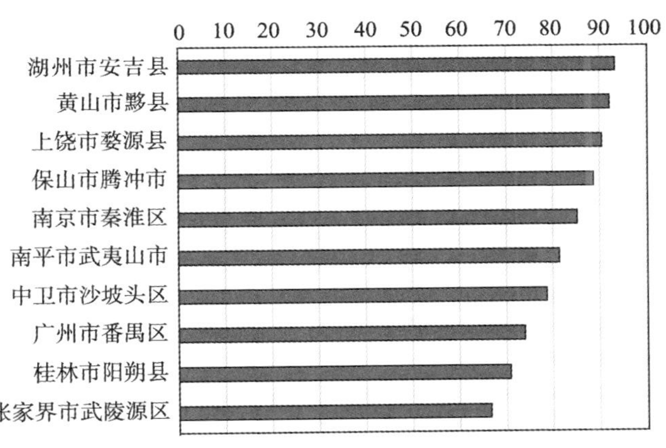


**图 3—4　全域旅游竞争力指数 TOP 10**

1. 湖州市安吉县

作为开展全域旅游较早的省份，早在 2016 年，浙江省就提出将全省作为一个大景区来谋划打造，同时，提出创建百个注重特色民俗风情与乡俗文化挖掘的旅游风情小镇；2017 年，浙江省公布首批 25 个“浙江省全域旅游示范县（市、区）”创建名单，出台创建标准，一系列举措，使得全域旅游在浙江省各地深化发展。

安吉地处浙江省西北部，邻近上海、杭州、南京、苏州等城市，是杭州都市经济圈重要的西北节点，被誉为都市后花园。在创建全域旅游示范区的过程中，安吉创造了三个全国第一：第一个在全国县级层面成立旅委并调整列入政府组成序列，强化旅游部门

“综合协调、考核督查、规划审批”三大职能，统筹开展旅游行业管理和产业促进工作，体现与“大旅游、大产业”配套的“大体制”改革思路；第一个在全国设立旅游“总规划师”职位，不仅参与全县各部门各产业的规划评审，重点对旅游项目立项开展预评估，做到了资源统筹“一盘棋”；第一个在全国创新实施乡镇个性化分类考核，设立乡镇旅游管理工作站。

全域旅游作为一个系统工程，只有形成统筹机制和发展合力，不断探索体制机制的改革创新，才能保持先发优势。安吉县一直贯彻并持续优化“大体制”理念，近年来，安吉县旅游服务配套设施逐步完善。目前，全县有 7 个国家 4A 级景区，2 个江南高山滑雪场，1 个通用航空机场。以灵峰旅游度假区为核心，大力推进县域中部 25 千米高端休闲产业带建设，目前该条产业带上共有重大休闲旅游项目 22 个，其中产业类项目 19 个，公共设施类项目 3 个，打造形成了高端休闲项目的集聚地、样板区。既有凯蒂猫家园、欢乐风暴水上乐园、浙江省自然博物院等为代表的一批重大项目，也有近 700 家农家乐、乡村民宿和精品度假酒店构成的乡村度假旅游产品体系。

安吉非常注重旅游项目运营的品牌，引进建设了以凯蒂猫家园、JW 万豪酒店、阿丽拉度假村为代表的一批国际知名品牌，并同步引进了一批具有先进管理经验的旅游经营团队，可以为游客提供更加多样化的旅游产品选择和更规范、贴心的服务。

全域旅游的安吉模式受到各方肯定，安吉也先后荣获全国首个生态县、全国首个休闲农业与乡村旅游示范县、国家乡村旅游度假实验区、国家旅游标准化示范县等荣誉，安吉县旅游整体形象得到全面提升。

2. 广州市番禺区

经过多年发展，番禺旅游呈现出景区景点量多质优、旅游片区集聚发展、产业体系不断完善的良好态势。全区旅游接待总人数逐年攀升，旅游总收入连续 10 年保持双位数增长，在全域旅游发展模式下，番禺区更加关注服务质量和公共配套的提升，大力推进文旅行业的转型升级，深挖本区文化和旅游资源，推动文商旅融合发展，带动全区经济高质量发展，追求实现将番禺打造成粤港澳大湾区宜居宜业宜游优质生活圈示范区的发展目标。

番禺区高标准规划布局全区旅游资源，编制旅游总体规划等系列文件，构建起东部“莲花山—海鸥岛—亚运城”高端休闲度假旅游片区，西部“沙湾古镇—宝墨园—龙湾涌湿地”岭南文化生态旅游片区，中部“长隆—万博—汉溪”现代游乐商贸旅游片区，北部广州大学城科普科教旅游片区的全域发展格局。

番禺区政府相继出台了多项扶持长隆集团发展的政策措施，持续加强景区服务管理，不断优化周边环境秩序，为长隆的旅游接待和安全工作保驾护航。重点在土地、交通、人才等方面支持长隆旅游度假区做强做优做大，不断提升品牌价值及影响力。经过多年扶持发展，长隆已经成长为世界排名前五的航母级旅游企业。在长隆的辐射带动下，番禺区各主要旅游景区均走出了一条高质量发展的道路，全区呈现景区量多质优、产业体系完善的发展态势。

与此同时，番禺依托区内“长隆—万博—汉溪”片区内现代服务业集聚、商旅资源集聚、高端人才集聚的突出优势，着力打造粤港澳大湾区文商旅融合典范片区。片区内集聚了长隆度假区以及华多网络、携程、虎牙、百度等一批互联网龙头企业和万达广场、奥园城市天地、海印又一城、沃尔玛山姆会员店等大型商业体。依托厚重的文化积淀和名人民俗等资源丰富的独特优势，策划了番禺民俗文化节、莲花旅游文化节、余荫山房紫薇文化旅游节，省级非遗名录沙湾飘色、鳌鱼舞以及乞巧节、北帝诞、龙舟赛等一系列民俗文化和节庆文化品牌。

3. 张家界市武陵源区

近年来，武陵源区依托优越的资源禀赋和良好的生态条件，实现了全域布局、全景打造、全业融合、全民参与的全域旅游发展态势，实现了游客接待量、旅游总收入连年增长，走出了一条独具特色的全域旅游发展新路子。

过去，武陵源旅游仅仅依靠景区景点带动发展，导致旅游要素无法充分流动、无法优化配置，存在淡、旺两季区别过于明显的问题。在发展全域旅游的过程中，武陵源以景区为核心，以城镇为依托，以乡村为亮点，推动景区、城镇、乡村三大板块凝聚成核、协调发展。

在景区，深入实施游客服务中心、旅游厕所、游步道、安全防护设施、服务站、智慧化系统六大提质升级工程，精品观光持续提质。在城镇，大力培育特色街区、休闲慢游、新型住宿业态、文化演艺、商务会展、体育健身、康体养生、特色餐饮、风情小镇九大休闲度假产品，休闲度假成为新热点。在乡村，全面实施乡村旅游"3 乡 10 村"发展工程，已经形成 3 条乡村旅游精品线路，6 个村（居）入选大湘西文化生态旅游精品线路景点集群，乡村旅游受到青睐。

全域旅游为武陵源多产业融合共生提供了契机，催生了多业态的旅游产品，进一步延长旅游作为"美丽产业"的链条。以铂尔曼、纳百利皇冠假日、青和锦江等为代表的高端住宿业，以索溪山寨、火宫殿等为代表的特色餐饮业，以《魅力湘西》《烟雨张家界》等为代表的旅游演艺业，以溪布街、桃花溪谷、九院十街等为代表的特色旅游文化街区，以禾田居农场、协合杨家坪等为代表的乡村旅游休闲业等多种业态集群迅速发展，共同构建了武陵源大旅游格局。

# 第四章

# 文旅新媒体传播力指数

新媒体正在以人们始料未及的速度改变着旅游组织方式、市场经营模式以及游客的出游方式和消费方式。手机媒体拥有移动性、便携性、私密性、分众性和交互性等特征，能够通过移动互联链接一切，为用户带来一种全新的生活方式。让用户从静态的、被动的信息接收方转为动态的、主动的信息互动方，并可以自助选择和发布信息，拥有一部手机，任何用户都有可能成为媒体，用户的自主地位大幅度提升。旅游在线服务、网络营销、网上预订、网上支付等智慧旅游服务成为众多旅游者出游的首选，游客也越来越多地感受到了更多智能化、个性化、信息化的旅游服务。

调查显示，有超过九成的游客会利用手机移动客户端或互联网在“食、住、行、游、购、娱”等环节进行消费，旅游在线化已成为主流消费者的普遍行为。在这个过程中，任何人利用手机，通过微信、微博或跟帖、评论，都可以发布自己的所见所闻、所思所感。旅游者、消费者也就成为旅游传播者。旅游成为人们与社会沟通、与好友沟通、与朋友圈沟通的重要的话题。

新媒体的发展让精准营销成为可能。企业利用新媒体技术进行大数据挖掘，便可分析出用户的年龄、性别、所在地区、消费水平、喜爱偏好等，这些数据可以帮助企业进行产品定位、精准广告投放以及采取不同的营销组合策略。与此同时，新媒体将传统的单一线性销售模式改变为互动交流式的销售模式，同时将消费者也纳入企业盈利的价值链当中，实现了双方合作共赢的局面。

本章重点探讨各级文旅机构如何利用微信、微博、Facebook 等新媒体传播手段开展传播的现状以及头部账号的主要特点。

## 一 文旅微信公众号传播力指数

截至 2019 年 12 月 31 日，微信和海外版 WeChat 合并的月活跃账户数达到了 11.648 亿，相比去年同期增长了 6.1%。微信公众号是 2012 年推出的，历经 8 年发展，政府类微信公众号的队伍不断壮大、运营模式趋于成熟，成为微信舆论生态中的重要一员。文旅政务微信公众号搭建起了沟通的桥梁，承担着政策解读、沟通民意、服务百姓等多重功能，同时还在重大舆情事件中发挥着信息公开、回应质疑、澄清误解等作用。政务微信运营不只停留在与网民互动这一层面，而是更进一步地通过为网民提供实用性强的服务性信息，加强了与粉丝之间的联系。

微信公众号是各级文旅机构、企业开展传播的最主要途径。目前，所有省级文旅部门都开设有微信公众号。有些省是将政务公众号与资讯类公众号分开，有些则是合为一体。地级市和县一级文旅机构也大都开设了文旅政务号。文旅微信公众号传播指数（WCI）从“整体传播力”“篇均传播力”“头条传播力”“峰值传播力”四个维度进行评价。这四个一级指标所占权重分别为：整体传播力占 30%、篇均传播力占 30%、头条传播力占 30%、峰值传播力占 10%。

### （一）省级文旅微信公众号传播力 TOP 10

以 2020 年 6 月为例，31 个省市自治区的文旅微信公众号，共发布文章 2694 篇，平均每个公众号 87 篇。最多的前三位是青海省文化旅游、甘肃省文化和旅游厅、海南旅游文化官微，均超过 150

篇。最少的是内蒙古自治区文化和旅游厅、美好辽宁文旅之声和云南旅游，低于30篇。从阅读总量看，高于10万+的共11个微信公众号，最高为江苏微旅游82万（见图4—1）。从平均每篇阅读量看，均值为1587人次。最高是诗画浙江文旅资讯，7369人次；最低是天津市文化和旅游局，88人次。

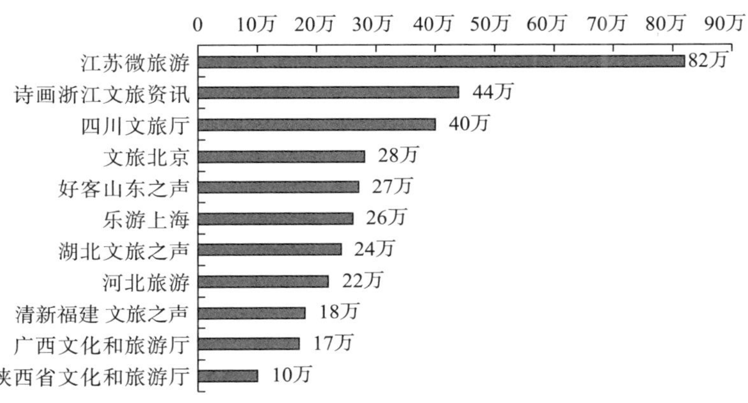


**图4—1　阅读总数超10万+的微信公众号**

从2020年6月各省微信公众号的综合表现看，影响力TOP 10排序为：诗画浙江文旅资讯、江苏微旅游、四川文旅厅、好客山东之声、湖北文旅之声、文旅北京、乐游上海、河北旅游、广西文化和旅游厅、清新福建文旅之声（见图4—2）。

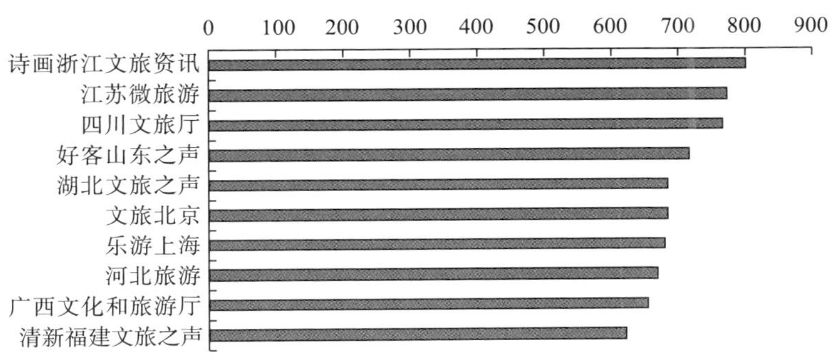


**图4—2　省级文旅微信公众号传播力TOP 10**

### （二）景区微信公众号传播力 TOP 10

从2020年4月景区微信公众号的表现看，TOP 10排序为：微故宫、青城山都江堰、中国黄山、白云山风景名胜区、台儿庄古城、大唐芙蓉园、云台山景区、神仙居景区、三清山旅游、明月山旅游（见图4—3）。

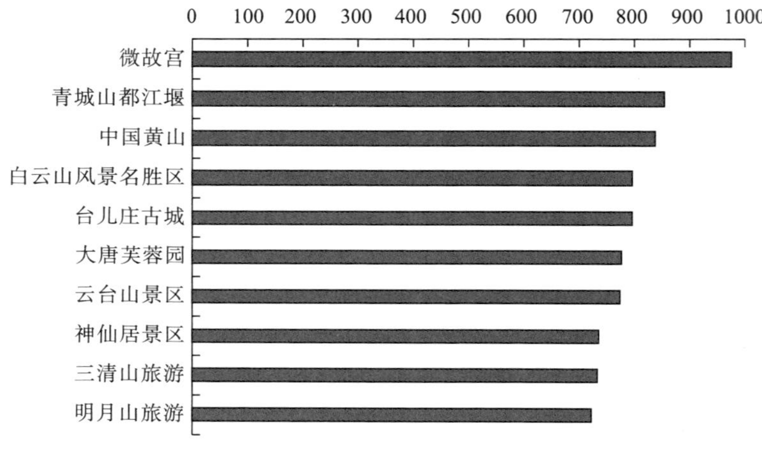


**图4—3　景区微信公众号传播力 TOP 10**

微故宫在4月份只发了6篇文章，但阅读总量达到了41万，平均每篇阅读数为68985（见表4—1）。

**表4—1　　微故宫4月发布的文章**

| 时间 | 标题 | 阅读量 |
|---|---|---|
| 4月10日 | “古花”新芳，融进紫禁城的春天 | 10万+ |
| | 那些年错过的“故宫讲坛”，在线看！ | 4.9万 |
| 4月19日 | 什么清宫“漫画”能有这么多“周边”？ | 9.7万 |
| | 谷雨茶香悠然，故宫茶事二三 | 3.8万 |

续表

| 时间 | 标题 | 阅读量 |
|---|---|---|
| 4 月 29 日 | 故宫博物院自 5 月 1 日起有序开放公告 | 10 万 + |
| 4 月 30 日 | 故宫明日开放，“我在故宫等你” | 9.9 万 |

## 二　微博传播力指数

微博旅游营销在当下及未来是机遇与挑战并存。从机遇来看，微博以成本低、覆盖广、传播快、互动强等特点，成为旅游目的地营销的重要手段。近几年来，基于旅游目的地品牌传播而策划的热点营销事件，几乎都是通过微博实现了大众化的传播，成为社会聚焦热点话题。微博为中国旅游区域品牌整合营销，提供了更多的可能。在全要素整合营销时代已经来临，及时性、全员化营销态势下，微博作为一个新媒体传播渠道，重要性日益提升。挑战在于，微博受到微信、抖音、今日头条、快手等各种社交媒体前所未有的挑战。从 2019 年数据看，微博月活跃用户为 5.16 亿，日活跃用户为 2.22 亿，但总体来看，覆盖范围只有微信的一半。加之微博内容质量、用户关注度和参与度总体呈下滑态势。能否在新功能研发、新产品升级，以及旅游目的地价值传递、内容互动、系统布局、准确定位等方面快速升级，直接影响了微博在旅游营销传播中能否继续维持其原有的地位。

微博传播力指数（BCI）通过微博的活跃度和传播度来反映账号的传播能力和传播效果。从权重来看，活跃度占 20%，传播度占 80%。其中，活跃度的衡量指标有发博数和原创微博数；传播度的衡量指标则包括：转发数、评论数、原创微博发文数、原创微博评论数和点赞数。

### （一）省级文旅微博传播力 TOP 10

以 2020 年 6 月为例，从原创微博发文数看，最高的是文旅山东，为 860 条，其次是河北省文化和旅游厅 619 条，第三位的贵州省文化和旅游厅为 595 条（见图 4—4）。而排在末位的宁夏旅游和辽宁省文化和旅游厅则分别只有 6 条。

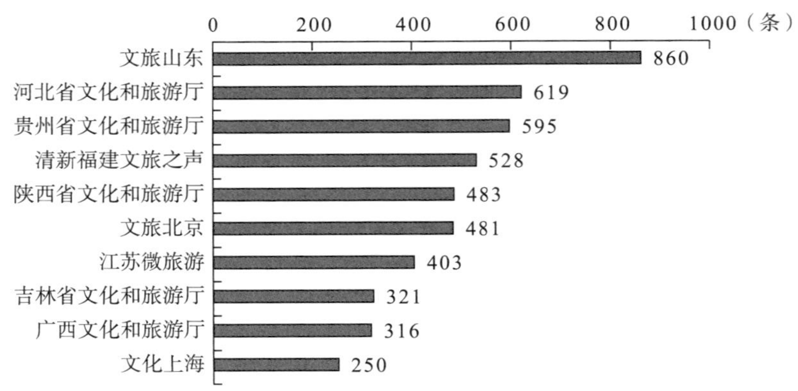


**图 4—4　原创微博发文数 TOP 10**

从 2020 年 6 月省级文旅机构官方微博传播力来看，TOP 10 排序为：江苏微旅游、文旅山东、清新福建文旅之声、河北省文化和旅游厅、广西文化和旅游厅、陕西省文化和旅游厅、文旅北京、四川文旅、贵州省文化和旅游厅、文化上海（见图 4—5）。

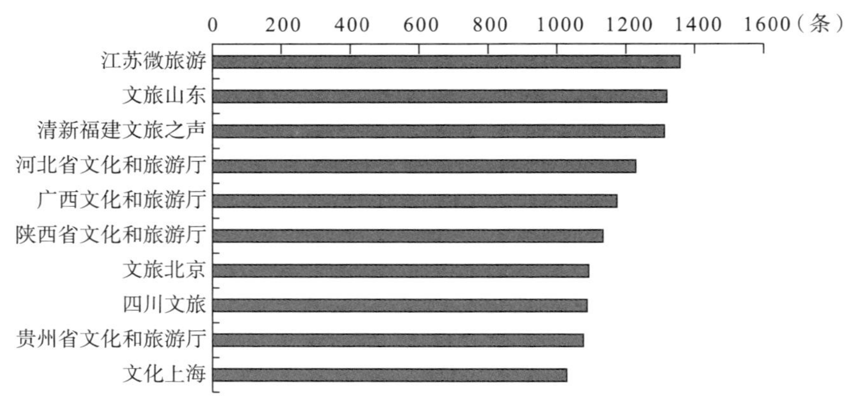


**图 4—5　微博传播力指数 TOP 10**

从江苏微旅游 6 月份的表现看，发博数 460 条，原创率达 87.6%；转发数 12581，评论数 5985，总点赞数 11383。

## （二）景区官方微博传播力 TOP 10

从 2020 年 4 月景区官方微博传播力来看，排在 TOP 10 的是：故宫博物院、云台山、横店影视城、三亚蜈支洲岛旅游区、西双版纳热带植物园、芜湖方特、乌镇旅游、中国黄山、武汉木兰草原风景区、崂山风景区官方微博（见图 4—6）。

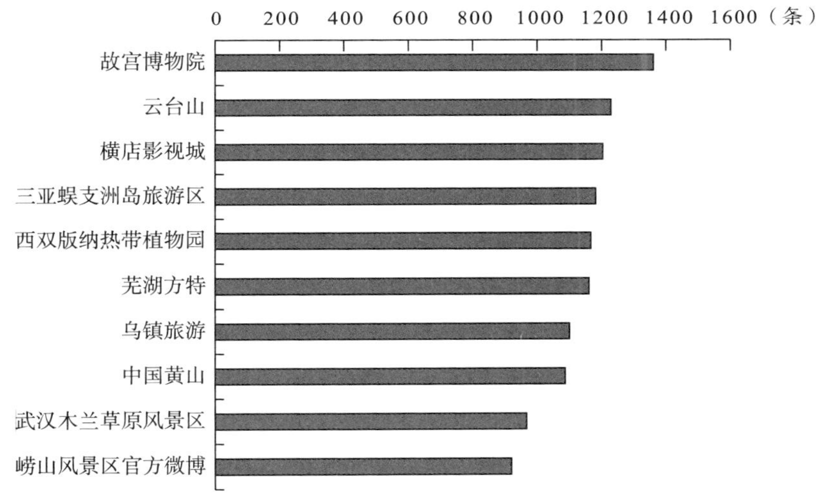


**图 4—6　景区官方微博传播力指数 TOP 10**

从排名 TOP 10 的景区官方微博看，故宫博物院的原创微博虽然只有 13 篇，但在原创转发、原创评论、总点赞数等指标上都遥遥领先。从原创微博数量看，最多的是芜湖方特，238 篇；其次是云台山的 136 篇；乌镇旅游居第三位，为 97 篇。从总点赞数看，故宫博物院超过 11 万，第二名中国黄山超过 5 万，第三名横店影视城在 3 万以上。

## 三 文旅新媒体国际传播力指数

目前，国际社交媒体和网络媒体早已超越传统媒体和信息渠道，成为人们获取旅游目的地信息的最主要来源。在开展国际传播过程中，社交媒体和网络媒体也在成为主阵地。在这种大背景下，对各级文旅机构利用国际新媒体开展国际传播的能力与效果开展评估，就有了更为重要的现实意义。

### （一）Facebook（脸书）传播力指数

Facebook 成立于 2004 年 2 月，目前月活跃用户 22.7 亿，每分钟点赞数 400 万。作为世界上最大的社交网络，Facebook 的用户群还在不断增长。比起其他国际社交媒体平台，Facebook 用户信息更加丰富。因为人们通常使用真实姓名进行沟通，个人资料十分全面。通过这一平台，传播者可以发现新的用户群体，创建富有吸引力的推广活动，然后轻松地将其发布给特定人群。

目前，大多数省级文旅部门在 Facebook 开设了官方账号。还没有开设账号的省份有 6 个，包括：河北省、黑龙江省、湖北省、青海省、西藏自治区、新疆维吾尔自治区。从粉丝数看，最多是浙江省的 Zhejiang tourism bureau，粉丝数为 224 多万；超过 100 万粉丝的还有云南省、重庆市、北京市、湖南省、四川省和辽宁省（见表 4—2）。

**表 4—2 省级 Facebook 账号粉丝数 TOP 20**

| 省 | 账号 | 粉丝数 |
|---|---|---|
| 浙江省 | Zhejiang tourism bureau | 2243745 |
| 云南省 | GoYunnan. Official | 1762373 |

续表

| 省 | 账号 | 粉丝数 |
|---|---|---|
| 重庆市 | iChongqing | 1487439 |
| 北京市 | Visit Beijing | 1464420 |
| 湖南省 | this is hunan | 1286998 |
| 四川省 | tsichuan | 1136388 |
| 辽宁省 | Liaoning Amazing | 1126334 |
| 内蒙古自治区 | Discover InnerMongolia | 894982 |
| 福建省 | Love Fujian | 560595 |
| 江苏省 | Visit Jiangsu | 518214 |
| 陕西省 | Visit shaanxi | 443023 |
| 海南省 | This is Hainan Gov | 349189 |
| 贵州省 | iloveguizhou | 348727 |
| 甘肃省 | Gansu china | 341740 |
| 上海市 | Shanghai Tourism | 328862 |
| 宁夏回族自治区 | Discover Ningxia | 263643 |
| 山东省 | Visit Shandong | 181653 |
| 广西壮族自治区 | Visit Guangxi - China | 180820 |
| 安徽省 | Anhui Travel | 167254 |
| 山西省 | Visit Shanxi | 155364 |

根据对粉丝数、发稿量、点赞量、评论量和转载量等指标进行综合分析的结果，省级文旅机构在 Facebook 的传播力影响力指数

TOP 10 排序为：浙江省、云南省、北京市、重庆市、湖南省、四川省、内蒙古自治区、辽宁省、上海市、海南省（见图 4—7）。其中，浙江省官方账号 Zhejiang tourism bureau 在 6 月份共发布 125 篇稿件。

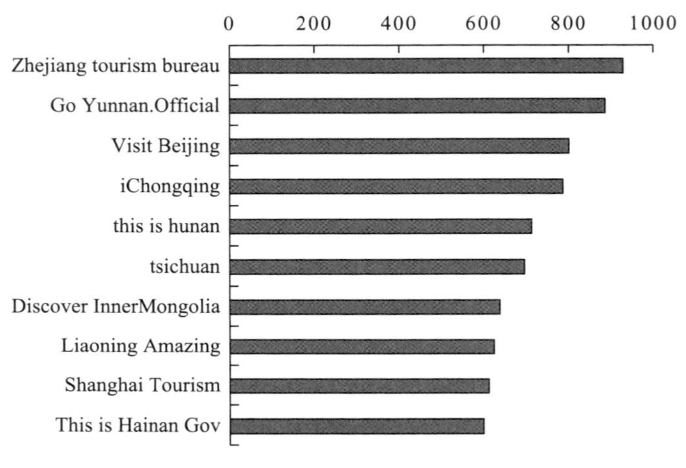


**图 4—7　Facebook 传播力 TOP 10**

### （二）推特（Twitter）传播力指数

推特成立于 2006 年 3 月，月活跃用户 3.36 亿，每分钟的发帖量超过 350000。Twitter（推特）可以让用户更新不超过 140 个字符的消息（除中文、日文和韩文外已提高上限至 280 个字符），这些消息也被称作“推文”（Tweet）。Twitter 被形容为“互联网的短信服务”，用户通常使用 Twitter 来分享想法，发布对某件事情的看法，发表评论或投诉。这些往往是高度真实的推文，直截了当地表达真实感受。

2/3 的省份在推特开设了账号，没有开设推特账号的省份有广西壮族自治区、河北省、黑龙江省、湖北省、青海省、西藏自治区、新疆维吾尔自治区。

根据对粉丝数、发稿量、点赞量、评论量和转载量等指标进行综合分析的结果，省级文旅机构在推特的传播力影响力指数 TOP 10 排序为：海南省、北京市、辽宁省、江苏省、陕西省、山西省、四川省、重庆市、安徽省、福建省（见图 4—8）。

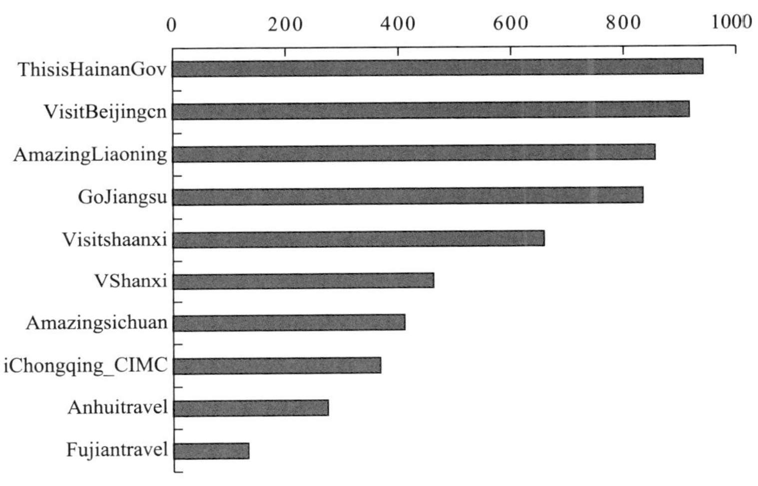


**图 4—8　推特传播力指数 TOP 10**

### （三）YouTube 传播力指数

YouTube 是全球最大的视频网站，上线于 2005 年 2 月，2006 年 11 月，Google 公司以 16.5 亿美元收购了 YouTube。目前月活跃用户 19 亿，每分钟上传的 YouTube 视频 400 小时。YouTube 拥有众多有影响力的社交媒体红人，制作并推广高质量和高频率的视频。

31 个省市自治区文旅部门中，没有开设账号的有 14 个。通过对 17 个省市自治区开设的账号从粉丝数、发稿量、点赞量、评论量等指标进行评价的结果，YouTube 影响力 TOP 10 的排序为：云南省、贵州省、重庆市、陕西省、山东省、海南省、北京市、福建省、广西壮族自治区、浙江省（见图 4—9）。

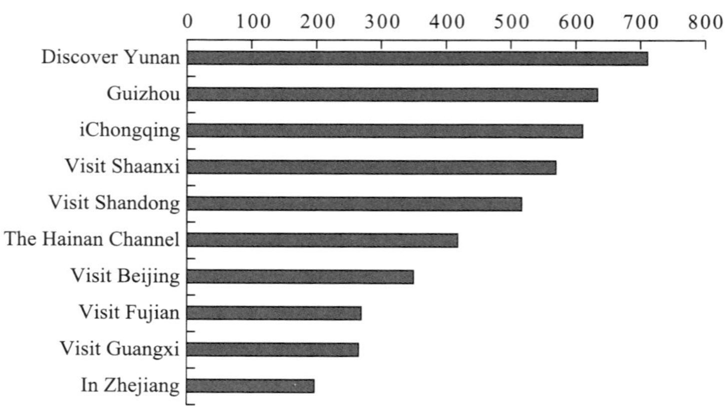


**图4—9 YouTube 传播力指数 TOP 10**

### （四）Instagram（照片墙）传播力指数

成立于2010年10月，两年后被Facebook以总值7.15亿美元收购，是四大社交媒体平台中发展最快的。目前每月活跃用户超过10亿，每日发帖数9500万。Instagram 67%的用户年龄在30岁以下，平均每日使用时间近1个小时，因此非常适合那些想要在青少年中树立知名度的品牌。许多旅游自媒体红人主要专注在Instagram做推广。Instagram上目前有2500万个企业账户。

目前，有27个省市自治区文旅部门在Instagram开设了账号，没有开设账号的有：河北省、黑龙江省、湖北省、西藏自治区。

根据对粉丝数、点赞量、评论量等指标进行综合分析的结果，省级文旅机构在Instagram的传播力影响力指数TOP 10排序为：北京市、四川省、江苏省、上海市、陕西省、安徽省、江西省、宁夏回族自治区、浙江省、海南省（见图4—10）。

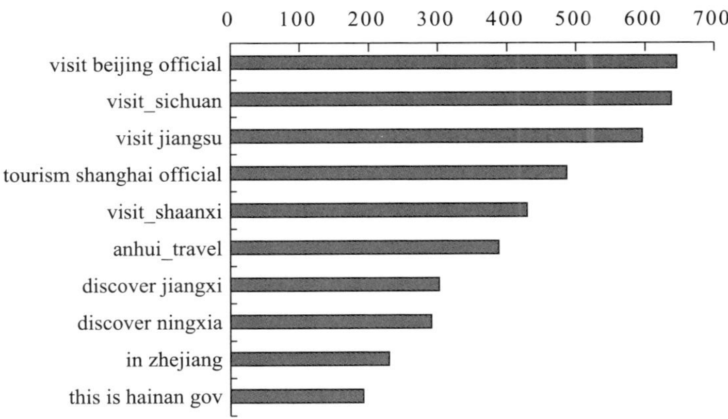


**图4—10　Instagram 传播力指数 TOP 10**

# 第 五 章

# 抖音文旅传播力指数

疫情发生后，越来越多的旅游机构、企业、景区通过短视频开展个性化的挑战赛活动，提升营销推广吸引力和品牌影响力。抖音和在线旅游平台（OTA）、乡村民宿合作，人们在观看视频后可以直接点击跳转到商家，实现交通、住宿等的预订。而旅游服务业通过分析抖音上用户的言论，可以更及时、精准捕捉消费者的需求点和对旅游舒适度、体验性的评价，有效提升旅游产品和服务的质量和体验。抖音上的文旅大众化传播使打卡地从传统的标志性景点扩展到更多的、此前不为外来者所知的地点，也为景区在旅游淡季通过开展活动、事件内容传播，增强全年度吸引力提供了高性价比的传播渠道。同时，旅游者也在这个过程中有了更多的选择权利。

## 一　抖音短视频带动文旅传播爆发式增长

近年来，抖音凭借其平台覆盖面广、算法技术领先、内容创新力强和用户日活量高等优势，深度参与文旅产业的发展。2018 年 10 月至 2019 年 10 月，抖音上旅游总投稿数达 11. 93 亿条，文旅视频总播放量达 24544. 43 亿次，总点赞数达 685. 15 亿次，总评论数达 48. 21 亿次，总分享数为 12. 88 亿次。

投稿数和视频播放数代表了网民对文旅领域视频创作热情和传播范围，从月度传播数据维度来看，数据统计期间无论是文旅相关视频的投稿量还是视频播放量都呈现明显上升趋势，文旅视频月度投稿数量由千万级增至亿级，月度播放量更由百亿级升至千亿级。从文旅视频月度投稿数来看，2018 年 10 月至 2019 年 10 月，共有 7 个月的文旅总投稿数突破 1 亿，其中 2019 年 7 月份达到了 1.26 亿，创历史新高。从文旅视频月度播放数来看，统计期间，共有 6 个月的文旅视频播放量分别突破 2000 亿次，其中 2019 年 7 月份达到了 2515.78 亿，创历史新高（见图 5—1）。

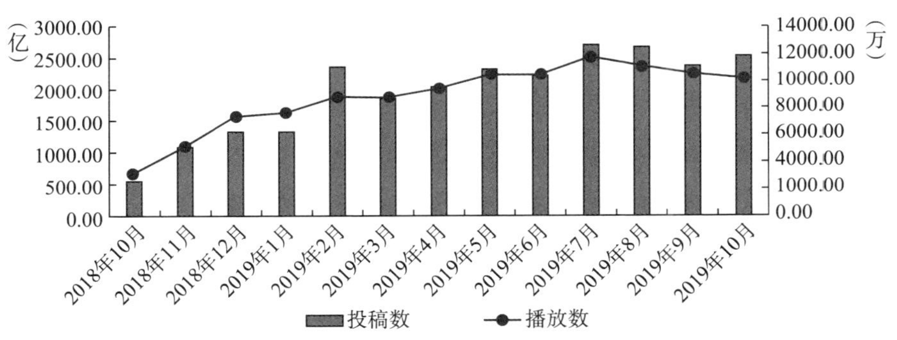


**图 5—1　抖音文旅视频传播趋势图（2018 年 10 月—2019 年 10 月）**

将文旅视频的月度投稿数增长率和月度播放次数增长率（见图 5—2）与抖音全平台同期相应数据增长情况进行比较发现，文旅相关视频数据增强趋势与抖音平台相一致，但无论是在月度投稿数增长率和月度播放次数增长率方面均全面超越抖音平台相应数据，文旅视频增速基本在全平台增速的两倍左右，已成为抖音平台上快速崛起的一大内容门类。

抖音文旅视频与抖音平台增长率比较 = 某月文旅增长率/某月抖音增长率

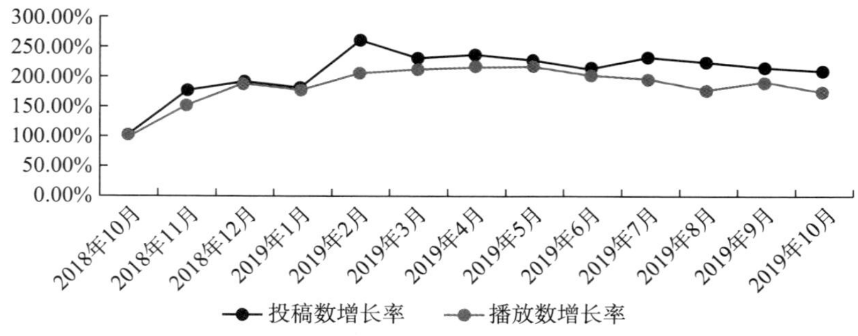


**图 5—2　文旅视频与抖音平台增长（2018 年 10 月—2019 年 10 月）**

点赞数和分享数代表着网民对文旅领域短视频的认可程度，从月度网友反馈数据来看（图 5—3），在抖音平台上文旅相关视频的点赞数和分享数趋势与传播数据相似，同样呈现出同比倍增的趋势。在文旅视频点赞数方面，由 2018 年 10 月的 19.14 亿次增至 2019 年 10 月份的 62.09 亿次，同比增长 224.40%；在文旅视频分享数方面则由 4112.07 万次增至 10208.21 万次，同比增长 148.25%，并在 2019 年 2 月首次突破月度分享数超过 1 亿次大关。综合统计期间各项数据，可以反映出抖音短视频平台在文旅领域具有广阔的发展前景，尤其是在目的地宣传、塑造良好品牌形象方面大有可为。

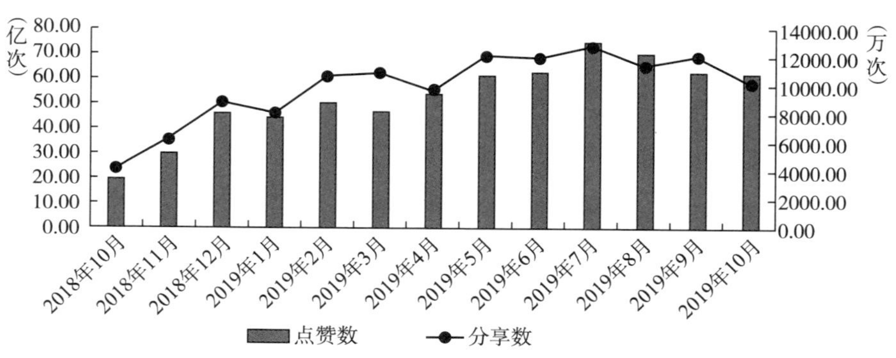


**图 5—3　文旅视频用户反馈趋势（2018 年 10 月—2019 年 10 月）**

# 二　抖音文旅传播力指数

各级政府文旅机构大都开设了抖音政务号。其传播力指数的计算公式如下：

$$抖音传播力指数 = A \times \ln(a+1) + B \times \ln(b+1) + C \times \ln(c+1) + D \times \ln(d+1) + E \times \ln(e+1) + F \times \ln(f+1)$$

式中，a = 发布视频数，b = 累计播放量，c = 点赞量，d = 分享量，e = 评论量，f = 涨粉量。

基于 2020 年 4—5 月的监测数据，省、市、县级文旅机构抖音政务号的传播力指数整理如下。

## （一）省级抖音政务号传播力

数据分析显示，省级文旅系统政务抖音号 TOP 10 排序为：悠游吉林、好客山东、水韵江苏、北京旅游、如意甘肃、河北旅游、中国西藏旅游、四川文旅、陕西旅游、安徽文旅（见图 5—4）。

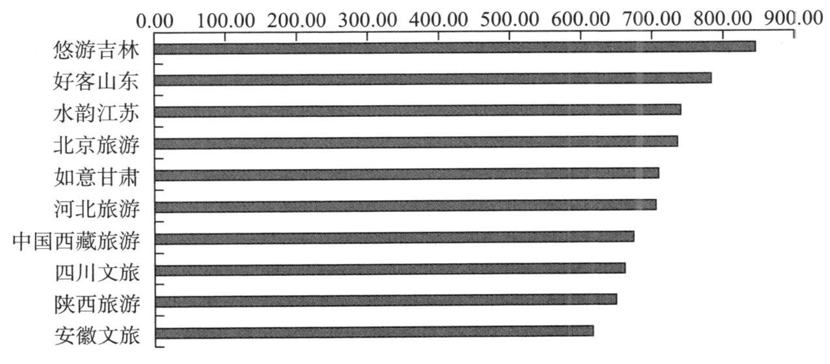


**图 5—4　省级抖音政务号传播力 TOP 10**

2018 年 12 月 5 日，抖音联合吉林省文化和旅游厅上线“冰雪吉林 dou 来嗨”挑战赛，上线仅 32 个小时，视频播放量突破 1.9 亿，该挑战赛共有 14.1 万网友参与，播放量达到 26.4 亿，充分展示了吉林省冰雪旅游景区冬日美景，引发吉林冬季旅游热。

2018 年 8 月，抖音联合山东省旅发委，策划挑战赛“跟着抖音游山东”，趁着暑期旅游的高峰，号召大家前往山东旅游。山东旅发委带领 500 家省内旅游单位和机构集体入驻抖音。此次挑战赛重点打造青岛、日照、烟台、威海四个滨海城市的美丽海岸线。

截至 2019 年 5 月 20 日，“跟着抖音游山东”挑战赛视频数量超过 8.5 万条，视频总播放量达 11.9 亿。其中烟台的养马岛凭借抖音的推广火爆全网后，2018 年暑期养马岛收费站的车流量激增，收费站站长宋波表示养马岛收费站当期与去年同期相比车流量增长 120%，是去年同期的两倍多，下高速每天平均约 5600 辆，上高速每天平均约 4500 辆。对于当地旅游经济的带动与发展起到了重要作用，甚至有网友把养马岛称为“国内的马尔代夫”。

2019 年 9 月 11 日，抖音挑战赛#抖出北京范儿正式上线。此次活动邀请到杨紫、大张伟、马布里等文体名人参与挑战赛并发布视频。同时，话题还首次基于城市文化 & 地标主题发布抖音 POI 系列贴纸，增强视频互动性。截至 11 月 30 日，话题总播放量超过 62.5 亿，总点赞数超过 1.2 亿，总评论数超过 562 万，总转发数超过 354 万。

### （二）市级抖音政务号传播力

数据分析显示，市级文旅系统政务抖音号 2020 年 5 月影响力 TOP 10 排序为：洛阳旅游、鞍山文旅、淄博文旅、信阳文旅、遇见美好三亚、西安文旅之声、中国绿都 · 最氧三明、唐山文化旅游、文旅常州、吐鲁番旅游（见图 5—5）。

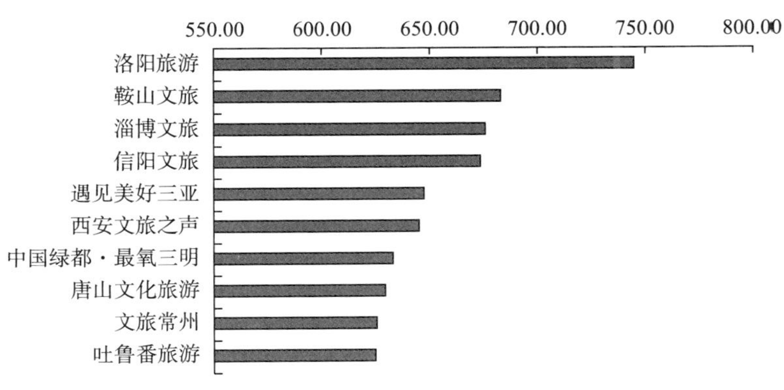


**图5—5 市级抖音政务号传播力 TOP 10**

2018 年 4 月，抖音发起的美好城市计划，联动当地政府文旅部门，发挥平台优势组织抖音达人共同挖掘城市文化、景点新玩法，通过发起话题挑战赛，助力城市形象的打造与传播，提高城市知名度和美誉度。截至 2020 年 3 月，已先后与西安、正定、敦煌、山东、龙岩、成都、南京、吉林、新疆、雪乡、广西、重庆、江西、北京、浙江、沈阳、三明等 17 个省（自治区、直辖市）、市、县进行了合作。其中，西安、成都、南京、重庆更是凭借抖音强大的传播力一跃成为风靡全国的网红城市，进一步带动了当地旅游经济飞速增长。西安的摔碗酒，重庆的李子坝地铁站，南京的白局唱段，成都的天府绿道，山东的养马岛，正定的荣国府影视基地，敦煌的阳关，龙岩的永定土楼，新疆的乌鲁木齐丝绸之路滑雪场，江西的武功山等系列景点或玩法都成为许多游客的热门打卡项目。

《西安人的歌》是 2017 年时火遍抖音粉丝圈的一首歌，这首歌描写的基本是西安人的日常生活，让游客对西安充满了一种精神上的向往。到 2018 年，在这首歌的影响下，对西安的各种文化元素进行拍摄制作的用户已经超过 12.5 万个。饱含历史文化味道的“摔碗酒”以一种新的方式得到了演绎，当地各种小吃、历史悠久的大雁塔、钟鼓楼、兵马俑通过或长或短的短视频广泛流传。根据官方数据，2019 年国庆假日期间，西安共接待游客 1736.74 万人次，实现旅游收入 151.87 亿元，旅游接待人数和旅游收入均创历史新高。

抖音短视频以城市特色、个性化、风情宣传为主，对城市形象塑造和宣传有积极影响。西安通过抖音短视频来塑造形象，使西安历史文化名城的形象更加深入人心，在潜移默化的过程中给游客塑造了一个活力、有趣、时尚的新形象。在以往的城市形象定位和宣传上，黄土高坡、兵马俑、大唐芙蓉园、大雁塔、回民街等都是外地人对西安的认识，这些文化元素的展示形式，甚至一成不变。抖音通过对西安文化内涵的探索，结合了西安的旅游景点和艺术气息，提供了新的创作资源，开发创造出许多更接地气的西安文化，向外界展示了新的城市形象。

2019 年 12 月 9 日，三明市文旅局联合抖音发起"#遇见最氧三明"话题活动。其中"最氧"与"口福"作为达人行的主要内容核心，分别从山水风光、美食文化两个大的方面展现三明城市形象。截至 2019 年 12 月 29 日，"#遇见最氧三明"话题活动累计参与视频数达到 27.8 万条，播放数超过 28.2 亿次。视频累计点赞超过 3900 万次，累计评论达 288 万次，累计分享 118 万次。

### （三）县级抖音政务号传播力

数据分析显示，县级文旅系统政务抖音号 TOP 10 排序为：梅里斯文体广电和旅游局、玩转安吉、彭水文旅、掌上莱芜、万山群岛、文旅浦口、珠山文旅、宜兴文旅、西秀文旅、罗江文旅（见图 5—6）。

我国县域人口 8 亿 1540 万，占全国总人口的 61.18%。全国 70% 的优质旅游资源分布在中西部地区、边境地区和革命老区；在 832 个贫困县中，有近 300 个县属于国家主体功能区的限制开发县，

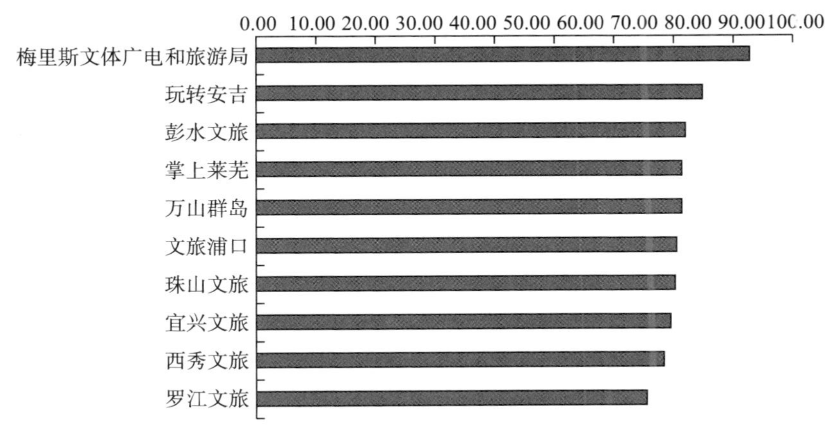


**图 5—6　县级抖音政务号传播力 TOP 10**

这些地方经济发展落后但生态环境良好，是名副其实的“好山好水好风光”；全国有休闲农业和乡村旅游示范县（市/区）共 388 个，中国美丽休闲乡村 560 个。传统上持久有效的旅游宣传需要经济实力作为基础，这就制约了乡村旅游业的发展和经济带动作用的发挥。而抖音短视频平台的出现，给原本在经济实力上不具优势的乡村以极高性价比的文旅传播渠道。

抖音为一些这样小而美的乡村和小镇带来了更大的舞台，越来越多的小城市、小地方也通过抖音向世界展现了独特的风景、文化，打响了自己的知名度。借助多样媒介形式搭建的平台，插秧、养殖、山歌、说书、皮影、快板、剪纸等农村文化传统中的生产生活方式、风俗民俗等跨越时空的限制，多种类型的乡土文化相互交流、碰撞和学习。

2018 年抖音启动“山里 DOU 是好风光”项目，在流量倾斜、人才培训、产品扶持和抖音认证等四个方面投入及运营，通过“山里 DOU 是好风光”帮助乡村特色文旅资源打造品牌，提升拉动当地文旅品牌影响力并持续带动相关产业的经营发展。抖音团队为乡村定制文旅推广方案，鼓励专业团队去当地拍摄，并用挑战赛形式加大优质景点的曝光率，从而帮助乡村景区完成声量和热度的冷启动。同时，抖音小店和地理位置信息（POI）等功能，能够帮助乡村景区挖掘有潜力的吃喝玩乐标签，促进当地文旅企业长期发展。

抖音平台是基于个人叙事的传播模式，短视频时代每个普通人都有机会和可能在这个平台上成为传播主角。城市旅游形象的树立与评价，不能单以短期内视频点击的播放量等直观量化指标作为唯一评判标准，“网红式”城市旅游形象推广与传播起到短期规模化制造“爆点”的效应，而城市旅游形象的塑造、建立与维护应是一个长期的品牌化过程。

旅游目的地的内容始终是文旅市场可持续发展的根本，抖音的视频美化、传播引流、智能分发等优势发挥都要建立在旅游目的地综合质量的提高上。全面提高旅游目的地综合质量，应发挥当地特色资源和特色产业的带动作用，发掘景区景点旅游资源的文化内涵，发掘文化遗产资源的当代价值，借鉴网红城市的战略设计与系统规划，在此基础上找准本地定位，不可盲目跟风。因此，持续产出有品质、有温度的旅游目的地抖音视频，才能实现最有效、最长久的传播。

### （四）抖音西安旅游传播活动

西安与抖音合作开展营销推广，迅速成为网红城市。西安市旅发委统计的数据显示，2018 年春节假日期间西安共接待游客 1269.49 万人次，同比增长 66.56%，实现旅游收入 103.15 亿元，同比增长 137.08%。截至 2018 年 3 月，抖音上关于西安的视频量超过 61 万条，播放总量超过 36 亿次，点赞总量超过 1 亿。例如，西安的钟鼓楼、肉夹馍、灌汤包子都在抖音上拥有不少粉丝。其中有一条拍摄肉夹馍制作过程的视频获得点赞超过 10 万。此外，《西安人的歌》是由两个在西安求学的年轻人创作的，描述西安城市特色的歌。随着西安的走红，这首歌也成为抖音上最受用户喜欢的音乐，截至目前播放量已经超过 18 亿次。

西安抖音结缘，最初发酵于一碗酒。西安永兴坊的摔碗酒，是陕南安康岚皋县接待尊贵客人的一种形式。客人将碗中酒一饮而尽，再把碗重重一摔，口中默念“岁岁平安”。2017 年底，一位网友拍摄的 15 秒摔碗酒抖音短视频突然火了。这条视频收获了上千万个赞。有数据统计，自永兴坊开业，截止到 2017 年 11 月 1 日，三年的时间里有近 50 万人在此喝过摔碗酒，但其中 20 万只碗都是在被抖音渐渐带火的 2017 年末摔掉的。

2018 年 4 月，西安市旅发委与抖音短视频达成合作，双方基于抖音的全系产品宣传推广西安的文化旅游资源，进一步扩大西安在世界范围的知名度和影响力。也称之为“四个一计划”。

第一是一个文化城市助推计划。抖音以西安为试点打造样板城市，通过优先加蓝 V 认证，专人运营指导，全方位流量扶持等快速通道，助力文化城市打造具有全球化视野的新名片。

第二是一组挑战，挑战赛是抖音最热门的入口，抖音会发起一系列的城市主题挑战赛，通过挑战赛让用户真正走进西安、感受西安，同时发掘更多的西安元素并将其传播出去。

第三是一条路，抖音将邀请抖音达人体验团来西安深度体验，呈现一条抖音特色旅行线路，对外发布线路攻略，将西安传统、有趣、有特色的精品文化景观，通过抖音的方式去演绎传递给世界，助力西安旅游业新增长点的开发。

第四是一支片，抖音将为西安量身打造一支“抖音版”西安旅行纪录片，通过抖音的渠道优势，在中国和全世界范围推广西安旅游资源与文化。

通过文化城市助推、定制城市主题挑战、抖音达人深度体验、抖音版城市短片来对西安进行全方位的包装推广，用短视频来向全球传播优秀传统文化和美好城市文化。

西安与抖音合作的另一个重点，是对传统文化在海外进行传播。目前，包括 Tik Tok 和 musical. ly 在内，抖音系的海外产品已经覆盖 150 个国家，月活用户过亿。在美国、日本、德法和印尼都曾登顶当地应用市场第一名。此次双方合作，抖音还将在 Tik Tok 和 musical. ly 等海外产品上线西安相关挑战，并定制了兵马俑、肉夹馍的特效贴纸，帮助传播西安的美食、美景、民俗、文化。挑战和贴纸上线三天，贴纸使用量就超过 6 万。

## 三　后疫情时期推动“短视频 + 旅游”发展的建议

从历史经验看，每一次大的危机也往往蕴含着大的创新。此次疫情无疑给我国多年持续向好的旅游业带来了重大的损失和挑战，但也更提供了一次促进政府部门、旅游业、互联网行业和社会各界思考如何转危为机的探索。短视频平台开启了全新的文旅内容生产和传播、视频营销和推广模式，有助于旅游服务便利化，有助于旅游业态多元化，有助于文旅融合和旅游经济发展，有助于增进公众获得感和幸福感。可以预期的是，“短视频 + 旅游”将在后疫情期间加快旅游经济增长、促进公共文化休闲、缩小城乡旅游差距等方面取得更大突破，在促进旅游业高质量发展中发挥越来越明显的作用。为此，需要不断深化、细化、创新和提升“短视频 + 旅游”这一模式。

### （一）找准旅游目的地特色定位，实现“短视频 + 旅游”的传播赋能

城市旅游形象的塑造、建立与维护是一个长期的品牌化过程，调查显示，影响短视频用户出游意愿的因素依次为旅游目的地自然/人文景观（60.3%）、网红打卡地推荐（57%）和网上热度（45.3%），这说明短视频传播对吸引游人的作用已和目的地产品接

近，可见创新传播方式的重要性。但旅游目的地的产品服务吸引力始终是文旅市场可持续发展的根本，短视频的生动创作、传播引流、智能分发等优势发挥都要建立在旅游目的地综合质量提高的基础上。全面提高旅游目的地综合质量，应发挥当地特色资源和特色产业的带动作用，发掘景区景点旅游资源的文化内涵，发掘文化遗产资源的当代价值，借鉴网红城市的战略设计与系统规划，找准本地定位，持续产出有品质、有温度的旅游目的地视频，大力带动和提升本地旅游业的人气。

### （二）坚持科技创新引领发展，拓宽短视频赋能文旅的适用场景

科技已成为推动文化和旅游创新发展、产业升级、价值提升和功能拓展的重要力量和影响因素，当前5G、物联网、区块链等技术加快部署和应用，为短视频升级演进、更好促进文旅融合和旅游经济发展提供了重大机遇和广阔空间。5G技术高速率、低时延、广连接的特点，将使视频成为全社会基础性的传播形态。高速率将促进虚拟现实技术的成熟和应用，实现“VR + 视频”大幅提升文旅传播的沉浸感。5G时代物联网的大规模应用，将推动文旅短视频创作传播从以人为主迈向人、物、场景多维生成内容的格局转变。而区块链也将对文旅短视频的版权保护、收益分享带来更多技术支撑，促进文旅内容生态繁荣。旅游产业涵盖吃、住、行、游、购、娱各环节，要率先运用好新一代科技，进一步拓展“短视频 + 文旅”的展现场景，实现短视频和旅游过程中娱乐休闲、生活社交、消费购物等各场景的紧密融合，实现更广泛、深度、特色、有吸引力的传播，推动旅游消费升级和旅游经济可持续发展。

### （三）塑造内容生态共创环境，形成文旅宣传推广和转化的合力

加强对“短视频 + 文旅”的政策支持和宣传推广，及时总结各地好的做法和经验。加强文化、旅游、互联网三大领域行业协会和

社会组织的交流合作，带动行业资源互补和融合共通。政府、协会要指导、带动和推动传统旅游服务机构入驻、运用短视频平台更好开展工作，加强酒店、民宿等住宿服务提供者在短视频平台的推广，加强景区、住宿、航空等服务单位和在线旅游平台（OTA）和短视频平台的合作，提升对用户的触达率、吸引力和在线预订、销售等旅游行为转化效率。鼓励更多 MCN 机构专注和聚焦文旅内容生产，培养和扶持更多专业、个人创作者，打造文旅短视频网红，持续输出既能传播文旅美好生活正能量，也能切实带动文旅经济发展的优质短视频作品。鼓励短视频平台建立专业性的“企业大学”，通过线上、线下方式为不同地域和特点的学员提供符合需求的“定制化”服务，帮助更多人掌握内容创作运营和宣传推广营销的过硬本领。短视频已成为文旅信息传播最生动、富有感染力的有效的形式，而文旅信息潜在受众的广泛性、“全民性”决定了其全网传播的社会价值，要指导、推动主流社交网络平台对文旅短视频的二次传播和多次传播，以使文旅正能量传播的效果最大化，更好地服务文旅融合战略和满足人民群众不断增长的精神文化需求。

### （四）加强乡村旅游服务信息创作推送，提供旅游体验大数据分析

调查显示，限制用户去贫困地区旅游的首要因素为位置偏远、交通不便（39.4%），其次为缺乏同伴（31.6%）和旅游配套设施不足（21.4%）。当前乡村优质文旅资源已经得到了广大短视频用户的关注，激发了人们的出游意愿，短视频已成为互联网的基础性应用之一。政府部门在加强交通和旅游配套设施建设的同时，还要积极入驻短视频平台，加强乡村交通信息、结伴出行注意事项等短视频内容创作，通过智能分发实现精准推送，帮助用户实现安心、便捷出行，为乡村地区文旅发展持续引流。同时，做好旅游产品和服务体验的分析是促进旅游业更好发展的重要一环，要利用短视频和大数据精准筛查、分析用户对旅游目的地的评价。一方面向旅游

目的地提供精准需求信息反馈，不断优化提升旅游产品和服务水平；另一方面对内容和实际体验偏差大或明显失实的文旅短视频内容和创作者进行预警，将用户的真实评价作为后续文旅短视频内容推荐和展现的重要依据。

### （五）建立文旅认证评估体系，促进互联网时代旅游业高质量发展

文旅产业的发展需要更客观准确的评价，重点是衡量“文化效能”和“旅游服务质量”。“短视频＋旅游”是促进旅游经济高质量发展、效能提升的重要方式，短视频平台上的文旅信息传播是构成旅游服务质量评价中“创新模块”和“无形资产”的重要元素，是文旅领域技术创新、营销创新、品牌形象塑造、品牌文化弘扬的重要体现。要研究“抖音美好打卡地”文旅认证品牌服务的做法和经验，综合线上传播数据评估和线下专家、旅游达人调研评审的方式，对旅游目的地分级认证，以此降低短视频用户在选择目的地时的决策成本。同时，要引入更多适合互联网特点的指标设计，加强对“短视频＋文旅”效能的科学评价，促进互联网时代文旅融合和旅游业高质量发展。

# 第六章

## 万里茶道传播力指数

“万里茶道”是继古代丝绸之路后在欧亚大陆兴起的又一条重要的国际商道。它南起中国福建武夷山，途经江西、湖南、湖北、河南、山西、河北、内蒙古等地，穿越蒙古国，最终抵达俄罗斯圣彼得堡，全长 1.3 万多公里。万里茶道的策划者、开发者、建设者，是著名的“晋商”商帮。

起初，晋商主要采买福建武夷山的茶叶，茶市设在福建崇安的下梅镇，运至铅山的河口镇，再水运经信江、鄱阳湖、九江至汉口集中再北运。清咸丰年间受太平天国兵火影响，茶路一度中断数年，晋商改为采运两湖茶。以湖南的安化、临湘的聂家市，湖北蒲圻羊楼洞、崇阳、咸宁的茶，就地加工成茶砖，由陆水湖运至汉口集中，溯汉水（襄河）至樊城，然后舍舟登陆，改用畜驮车运，经河南唐河、社旗，从洛阳过黄河，过晋城、长治、太原、大同至张家口，或从晋北的玉右杀虎口入内蒙古的归化（今呼和浩特），再由旅蒙晋商换作驼队在荒原沙漠中跋涉 1000 多公里，至中俄边境口岸恰克图交易。俄商们再贩运至伊尔库兹克、乌拉尔、秋明，一直通向遥远的莫斯科和圣彼得堡。

随着一条条运茶驼道的延伸，一座座城镇在荒原崛起，欧洲的文明与中国中原的文明在这里交汇，推动中国走向世界。中国和欧洲借这条商道交换着物质与文明，极大促进了亚欧大陆腹地全面、深刻的文化交流与融合。

在当今时代，“万里茶道”的商贸功能早已不复存在，但是它见证了延续至今的茶文化在东西方文明之间的传承交流过程。以“万里茶道”为背景的跨境旅游产品体系成为最值得期待的国际旅游品牌。

“万里茶道”的申遗，将为沿途各省份的经济发展尤其是文旅产业的发展提供重要的发展机遇。“万里茶道”沿线分布着众多历史古迹，沿线城市和地区具有各具特色的旅游资源、市场、客源、服务和管理优势。通过深度合作、互相补充，有望将“万里茶道”打造成为一条国际旅游黄金带。

## 一　关于“万里茶道”影响力调查

调查由中国社会科学院中国舆情调查实验室于2019年10月实施，样本量2000个。调查内容包括：公众对“万里茶道”的认知度、满意度、参与度等指数；对沿线主要地区有关“万里茶道”重建的认知；对沿线主要景区、景点的认知度、满意度、旅游意愿等。

### （一）“万里茶道”认知率

从调查结果看，对“万里茶道”表示知晓的占14.2%，不知道的达85.8%（见图6—1）。

从不同性别看，男性表示知道“万里茶道”的比率为16.4%，女性为12.3%。男性对“万里茶道”的知晓率高于女性4.1%（见图6—2）。

而表示知道“万里茶道”的人中，对“万里茶道”具体线路情况表示知晓的为56.7%，不知道的为43.3%。

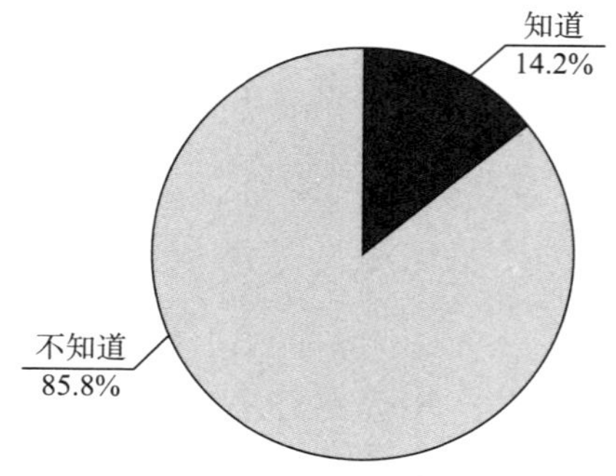


**图6—1　对“万里茶道”的知晓率**

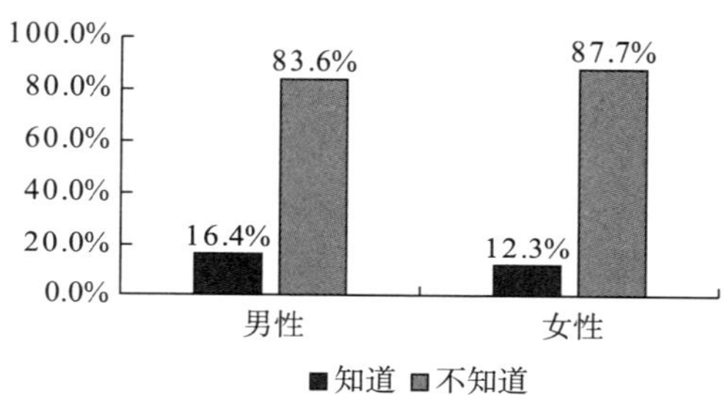


**图6—2　不同性别调查对象对“万里茶道”的认知度**

### （二）对“万里茶道”媒体报道的接触程度

在表示知晓“万里茶道”的调查对象中，有一部分是依靠“听别人说”来获取信息的，在媒体上看过有关“万里茶道”报道的人为75.6%（见图6—3）。

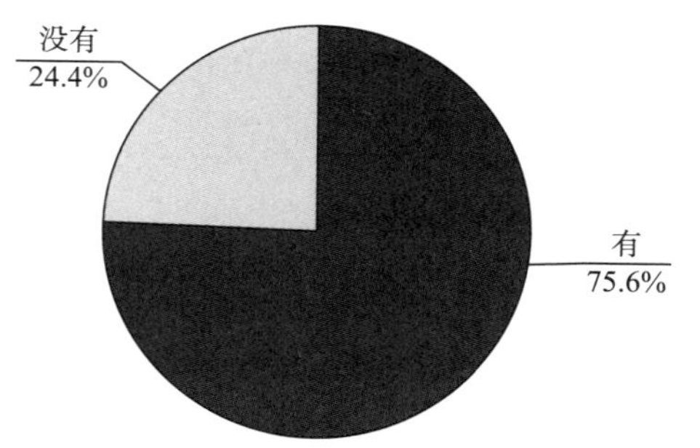


**图6—3　对“万里茶道”媒体报道的接触程度**

### （三）对“万里茶道”旅游线路的推荐意愿

对于那些去过“万里茶道”沿线地区旅游的人提问的结果，愿意向朋友推荐“万里茶道”旅游线路的占 2/3，不愿意的有 1/3（见图 6—4）。

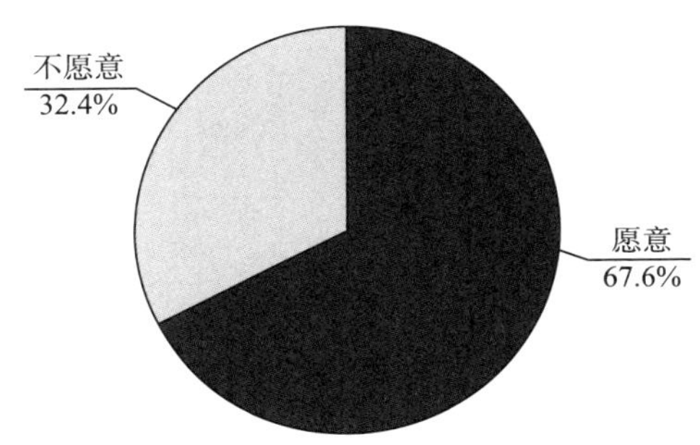


**图 6—4　向朋友推荐“万里茶道”旅游线路的意愿**

## 二　“万里茶道”影响力指数

“万里茶道”文化和旅游影响力评价指标由 4 个一级指标和 20 个二级指标构成。4 个一级指标包括资源力、管理力、传播力和品牌力。除了拥有的“万里茶道”资源数量外，基于这些资源的文化旅游产品开发、区域合作、对外传播交流平台、参与区域合作和国际合作的水平，以及传播力和营销力也是评价的重要指标。

### （一）8 省区“万里茶道”影响力指数

“万里茶道”沿线 8 省区 2018 年总人口为 46119 万，在全国总人口中占比 33.1%。其中，人口最多的是河南省，总人口超过 1 亿；人口最少的是内蒙古自治区，人口总数为 2534 万人（见图 6—5）。

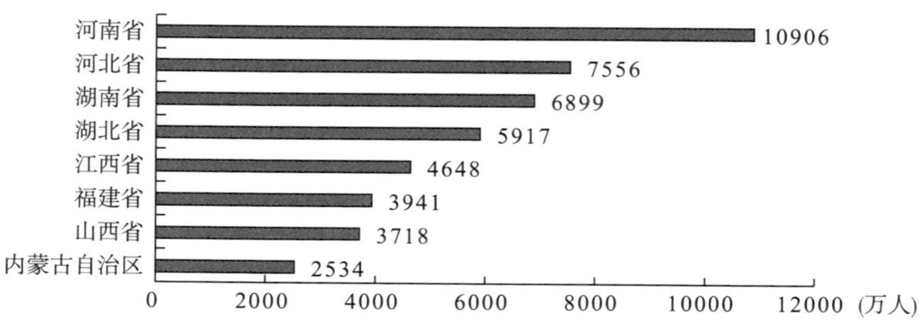


**图6—5 “万里茶道”沿线8省区人口**

根据“万里茶道”文化和旅游影响力评价指标和相关数据，对“万里茶道”沿线8省区进行评价的结果，湖北省排在第一位，其次是福建省，湖南省居第三位（见图6—6）。

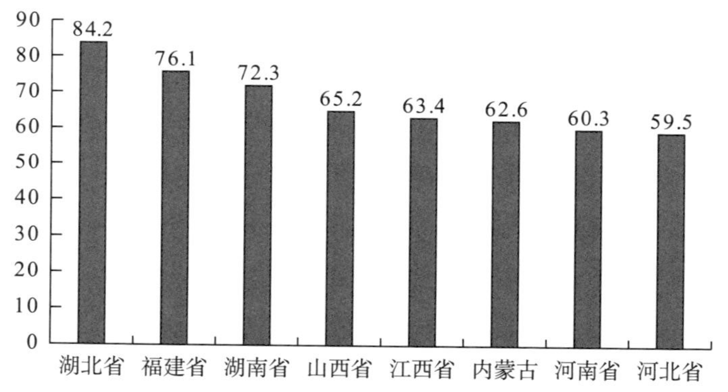


**图6—6 “万里茶道”8省区影响力指数**

**（二）“万里茶道”沿线节点城市影响力**

在“万里茶道”沿线8个省区中，节点城市最多的是山西，11个地级市中有8个属于“万里茶道”节点城市。包括：大同、朔州、忻州、太原、晋中、吕梁、长治、晋城；其次是河南，有5个城市：南阳、平顶山、洛阳、济源、焦作；湖南、内蒙古各为4个；江西、湖北各为3个；福建和河北各有1个（见表6—1）。

**表 6—1　　“万里茶道”沿线主要节点城市**

| 省区 | 节点城市 |
|---|---|
| 福建 | 南平（武夷山） |
| 江西 | 上饶、九江、景德镇 |
| 湖南 | 长沙、岳阳（临湘）、益阳（安化）、常德 |
| 湖北 | 武汉、襄阳、咸宁（赤壁） |
| 河南 | 南阳、平顶山、洛阳、济源、焦作 |
| 山西 | 大同、朔州、忻州、太原、晋中、吕梁、长治、晋城 |
| 河北 | 张家口 |
| 内蒙古 | 呼和浩特、包头、乌兰察布、二连浩特 |

根据“万里茶道”文化和旅游影响力评价指标和相关数据，对“万里茶道”沿线节点城市进行评价的结果，TOP 10 城市分别为：南平（武夷山）、武汉、益阳、九江、咸宁（赤壁）、张家口、大同、二连浩特、南阳、晋中（见图 6—7）。

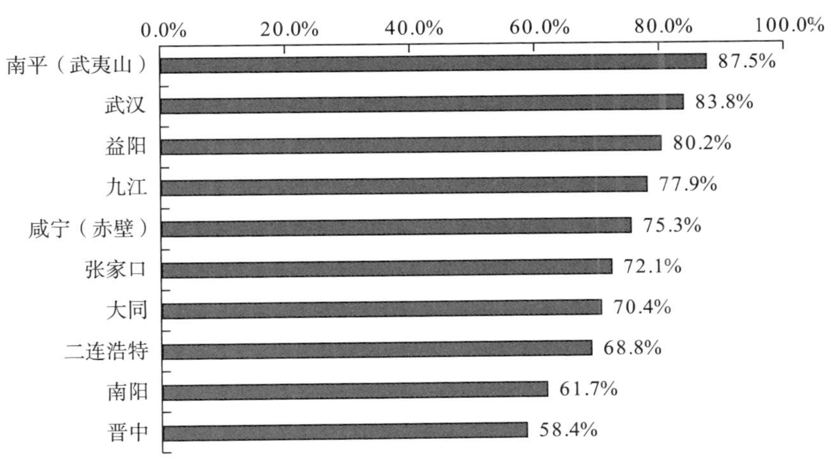


**图 6—7　“万里茶道”沿线节点城市影响力 TOP 10**

### （三）“万里茶道”遗产点影响力

表6—2所列为“万里茶道”沿线的主要遗产点。

表6—2　“万里茶道”沿线8省区主要遗产点

| 省区 | 遗产点 |
|---|---|
| 福建 | 下梅古建筑群、闽赣古驿道及分水关遗址、武夷古茶园及茶厂、九曲摩崖石刻 |
| 江西 | 河口镇、徽饶古道、大姑塘海关、“天祥”号茶庄、“协和昌”号茶庄 |
| 湖南 | 岳州关、聂市老街、大矶头遗址、安化风雨桥、安化茶厂、梅山产茶区传统村落、资水两岸古茶市、鹞子尖古道、古茶园、洞庭湖航道古塔 |
| 湖北 | 江汉关大楼、大智门火车站、汉口俄商近代建筑群、赤壁羊楼洞及新店明清石板街、襄阳城墙及码头、会馆、五峰、鹤峰古茶道 |
| 河南 | 南阳府衙、赊店古镇、半扎古镇、洛阳关林、潞泽会馆、洛阳山陕会馆、太行陉（河南、山西）、南阳天妃庙、扳倒井驿站、郏县山陕会馆 |
| 山西 | 得胜口古堡群、杀虎口、雁门关、碗子城、“羊肠坂道”题刻、大关帝庙、常家大院及聚兴顺茶庄、曹家大院、祁县古城 |
| 河北 | 张家口堡、大境门、宣化古城、鸡鸣驿城、察哈尔都统署旧址、军台遗址与俄商墓地 |
| 内蒙古 | 包头旧城、阿拉善盟定远营古城、二连浩特市“伊林驿站” |

按照“万里茶道”文化和旅游影响力评价指标和相关数据分析，“万里茶道”主要遗产点中，影响力TOP 10分别为：下梅古建筑群、河口镇、赊店古镇、梅山产茶区传统村落、赤壁羊楼洞及新店明清石板街、祁县古城、雁门关、包头旧城、江汉关大楼、张家口堡（见图6—8）。

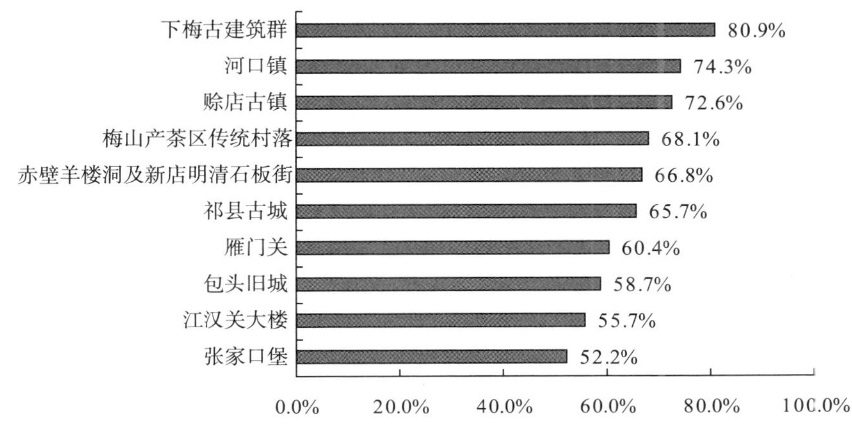


**图 6—8　“万里茶道”遗产点影响力 TOP 10**

## 三　关于“万里茶道”营销传播策略的建议

### （一）构建平台

“万里茶道”涉及的范围包括三个国家、国内八个省区和上百个城市。传播的对象不仅有国内受众，也有跨国传播，要打造好“万里茶道”的品牌，不可能靠各地单打独斗，而需要通过构建平台，整合资源，把各方面的优势充分发挥出来。与“万里茶道”相关平台包括国际合作平台、国内省际合作平台与传播合作平台三个方面。

1. “万里茶道”国际合作平台

目前已有的国际合作平台为 2016 年成立的中俄蒙“万里茶道”国际旅游联盟。联盟秘书处设在中国内蒙古，将“万里茶道”品牌建设作为三国旅游合作的重要内容，共同推出“茶路之旅”特色旅游线路。

联盟成员充分发挥各自旅游资源优势、地缘毗邻优势，转化成为旅游合作的优势，联合开辟精品旅游线路，畅通绿色通道，搭建协作平台。

联盟共吸纳内蒙古自治区、福建省、江西省、湖南省、湖北省、河南省、河北省、山西省 8 家中国成员单位，后贝加尔边疆区、布里亚特共和国、伊尔库茨克州 3 家俄罗斯成员单位，以及乌兰巴托市 1 家蒙古国成员单位，12 家初始成员单位联手推出“万里茶道”国际旅游品牌。此后，又吸纳中国黄山市，俄罗斯克拉斯诺亚尔斯克州、新西伯利亚州、斯维尔德洛夫斯克州，蒙古国东戈壁省、东方省、南戈壁省、苏赫巴托省等成员单位加入，联盟成员单位达到 20 家。

联盟的发起单位是万里茶道协作体，由中国文化促进会、蒙古和平友好组织、俄罗斯国际合作协会三方组成。其目的是建立中俄蒙“万里茶道”跨境旅游体系，目的是打造拥有全球竞争力的旅游品牌。过去一个时期，联盟的宣传营销力度不断加大，国际影响力也在逐步提升。2017 年，联盟分别在丹麦和瑞典举行了两场专题宣传推广活动；2018 年，以“万里茶道”国际旅游为主题，参加加拿大蒙特利尔国际旅游展。

鉴于“万里茶道”日益增长的影响力，以及未来需要整合更多参与合作，并面向全球范围加以推广，建议在现有联盟平台的基础上，由国家文旅部牵头，构建一个更具权威性和影响力的“万里茶道”国际合作联盟。

2. 国内省际合作平台

目前国内已有各种形式的区域旅游合作平台，如华东四省一市旅游协作区，辽、吉、黑、鲁、津旅游协作区，川、云、鄂三省五社旅游协作区及陕、甘、宁、青、新西北旅游协作区等。其中西北旅游协作区以丝绸之路为纽带，开辟以观赏秦俑汉简、雄关古道、长城烽燧、石窟寺庙等历史文化遗产与戈壁沙漠、雪山草原、冰川湖泊等西北风光为主题的独特旅游路线，联合对外招揽游客，颇得好评。联动活动有中国西北旅游营销大会、中国黄河旅游大会、年度协作区会议、各业态交流分享会等。

湖南省与周边省份合作共建多个旅游协作区。如以创建湘赣边区乡村振兴示范区为目标，合作共建湘赣边区红色旅游协作区；以“天岳幕阜”为品牌，合作共建湘鄂赣天岳幕阜山文化旅游协作区；以湘鄂川黔革命根据地和武陵山片区为纽带，合作共建湘鄂渝黔武陵山文化旅游协作区等。

而“万里茶道”沿线的8省区，围绕“万里茶道”这一主线，完全可以建立多种形式的平台，在旅游产品开发等方面，开展深度合作。

3. “万里茶道”传播平台

数据分析发现，迄今为止，有关“万里茶道”传播缺乏整体的一致性，主题和内容分散化，更多以某一特定省份或县市作为宣传核心。这导致“万里茶道”的整体形象不够鲜明，没有突出的传播亮点。

由中国旅游报发起成立的“万里茶道”文化和旅游国际营销合作体，通过将沿线省份、节点城市和景区景点联合起来，整合媒体资源开展对内和对外传播，联合文化、旅游、传播与营销专业机构，精心策划和研究，开展各种国际交流活动，持续举办“万里茶道”文化和旅游国际营销论坛，从而推动“万里茶道”文化和旅游高质量发展。

不仅需要做好万里茶道沿途的发掘、整理和保护工作，还需要探索有效的营销传播策略，而这些营销传播策略的发掘，更需要深入结合万里茶道这一文化遗产的地理空间和历史文化特点来进行。

而将“万里茶道”进行整合营销传播，首先需要在进一步搜集整理沿途文化遗产的基础上，找到不同地域文化背后所蕴含的核心共性和价值，以此作为“万里茶道”的整体形象建构与传播的核心。其次，整合传播策略，需要建立在“万里茶道”沿途省份之间的交流合作基础之上，举行跨区域的整体性文化活动或展览，进行统一主题的传播。

### （二）打造 IP

作为连接中俄蒙三国的“世纪动脉”，“万里茶道”不仅是一条贯穿欧亚大陆的国际商道，更是联结华夏文明、蒙古文化与俄罗斯风情的文化之旅。“万里茶道”串联起中俄蒙三国无数的文化遗产、秀美山水和民族风情。在国内，“万里茶道”覆盖的 8 个省区，连接着我国三大国家战略区——“一带一路”倡议、京津冀协同发展战略、长江经济带战略，是区域旅游发展的有效连接通道与重要符号。这些都是将“万里茶道”打造成国内外知名的文化旅游 IP 的重要基础，而制定有效的营销传播策略，打造“万里茶道”文化和旅游品牌，对于做好这项工作有着非常重要的意义。

1. 建立独特的识别符号

强大 IP 最终在各个领域呈现的是符号，必须有自己独特的符号辨识度，如果没有，就等于是没有自己独特的文化，只是从众者，不是大 IP。所以，在打造“万里茶道”这个 IP 时，就要非常注重符号性。具体来说就是两点：独特辨识度和简洁可延展性。

在这个过程中，要综合考虑社会和历史因素，深入挖掘“万里茶道”的独特内涵，找准“万里茶道”的核心价值元素，为“万里茶道”量身定制精准的符号策略、修辞策略，形成“万里茶道”的传播点和记忆点。在此基础上逐步建立完善、系统的“万里茶道”品牌及产品体系。设计“万里茶道”联盟和品牌标识、LOGO。

2. 打造“万里茶道”旅游产品 IP

IP 具有两个特点，一是拥有巨量粉丝，二是经得起市场检验、具备商业价值。当下许多爆款的文化旅游产品往往都是如此，经过网上发酵、吸引粉丝、口口相传，具备了自身的价值观，最后形成文化 IP。IP 体验带来持续价值，将赋能流量、用户和产品，实现整合一体化。

通过在作品中融入地方自然风光，吸引观众成为游客，创造新的旅游地标，打造“朝圣”旅游经济正在成为一个新的趋势。如湖南卫视的综艺节目《爸爸去哪儿》，不仅节目本身成为著名 IP，同时也捧红了众多景区和旅游目的地。未来可以考虑依托各种影视平台，打造“万里茶道”的网红景区或线路，深入推动文旅融合。

### （三）创新营销

1. 传播渠道与内容的多样化策略

在古代万里茶道中，中国与其他国家和地区的文化交流主要借助宗教以及商业活动，通过商人在贸易中的传播以及宗教人士的宗教传播。由于时间、空间、媒介单一等诸多因素的限制，还处于口头文化传播的时代，因此传播效率相对低下。而现代媒体，尤其是以网络技术为基础的第四代媒体的出现，大大打破了时间与空间等诸多因素的限制，不仅使得传播效率大大提高，可提供的传播渠道和传播内容也变得丰富多样。从渠道上说，除了纸媒、广播、电视等传统大众媒体，还有网页、社交平台、网络视频、网络直播等新兴传播渠道。从传播内容上看，可提供文字、图片、声音、视频等多样化的内容。

尤其以互联网技术为基础的第四代媒体的成长成熟不断击破传播媒介的壁垒，促进了媒介的融合，这一变化要求我们在对文化遗产进行传播时，摆脱对传统传播渠道的单一性依赖，努力开辟多渠道的传播策略。

他山之石，可以攻玉。对文化遗产进行多渠道传播的策略，在北京市的文化遗产传播过程中，发挥了重要的作用。除了充分开发衍生景区标识讲解、纸媒新闻报道、广播电视、图书音像出版等传统传播渠道外，北京市许多文化机构一直在努力推进新媒体传播渠道的搭建工作。针对官方公布的133个北京博物馆所做的调研显示，已经全部建立了网站，并且超过1/3建立了外文网站。许多景区还建立了微信公众号，如故宫、恭王府、颐和园等重要文化遗产的微信平台图文并茂，使用便捷。

2. 利用新媒介技术实现文化遗产的立体展示

"万里茶道"是重要的文化遗产，其基础是沿途区域的大量文化遗迹和文化实物。因此，实物展示和实景展示是"万里茶道"对外传播的重要环节。但是，这两者的展示受到时间、空间的限制，并不是所有人都有机会到沿途区域进行现场体验。同时也受到国家文物保护措施的规定限制，不是所有文物都适合进行跨区域的展示活动。尽管传统的视频媒介可以在一定程度上实现实物展示和实景展示，但仍然是一种基于平面的场景展示技术。

在文化遗产传播过程中的立体实景展示上，基于互联网、大数据和建模技术的新媒介技术具备独特的优势。例如，对于跨地域文化中的遗址类文化遗产，在对其进行传播时，通过数字建模、多维扫描以及增强现实等方式，可以把遗址类文化遗产的现实场景进行真实呈现，无论是宏伟的建筑规模还是烦琐的建筑结构都可以得到最大限度的呈现，文化遗产的观赏价值也能得到最终体现。在跨地域文化形象的建构与传播中，3D虚拟导览技术不断得到推广，其能够使跨地域文化进行效果较好的传播，尤其是对于一些文化遗产，通过展陈设计，文化遗产的有机组成部分得到了展示，在精心设计展品布置以及观看线路以后，受众能够更好地了解文化精髓。在虚拟导览中，受众借助鼠标、方向键以及一些手势可以360度地参观文化遗产。

随着新媒体技术的不断发展，文化遗产的传播载体将不再局限于文字展板展示、陈列实物展示、折页介绍等。数字化是新媒体的显著特点，移动数字终端、人机交互设施以及可穿戴设备成为跨地域文化形象建构与传播的新载体。通过一台数字终端，观众就可以了解一个地域的文化特点；通过一副特制眼镜，观众可以尽情浏览不可移动的文化遗产全貌。新媒介技术不仅带来载体的革新，也使得传播的方式和效果发生了变化，使得观众的观看体验更强，对于跨地域的物质文化遗产的印象也就更加深刻。

3. 创新“万里茶道”文化遗产的传播维度

尽管“万里茶道”的核心是沿途区域的大量古道、古建筑和古文物，但是文化遗产所承载的价值远远超出一般建筑体和物品的功能作用。有形的建筑和物品是反映历史时代、社会文化、社会制度、社会生产、社会生活的物化载体，折射出其所在区域的传统伦理观、审美观、价值观和自然观。

在对“万里茶道”这一文化遗产进行整体营销传播的过程中，遗产的“物”与其所承载的“文”应相得益彰，避免“厚物薄文”。例如，在对“万里茶道”的历史文化遗迹遗产进行介绍的同时，要避免仅仅在物质层面进行表述，更应该将文物与“万里茶道”的核心价值观念建立关联，深度阐述其文化价值。

此外，新媒体传播生态环境下，受众的自主选择性大大增强，“万里茶道”的营销传播推介在受众层面不能以单一维度进行。必须对受众群体进行细分，实施总体布局下的分类传播，精准传播。针对不同类型、不同文化水平、不同阅读习惯的受众开发出特定的传播方式往往有事半功倍的效果。同时，还要将传统媒体下与受众的单向传播扩展到新媒体生态下的双向互动，建立官方与民间、地区与地区、国家与国家之间的双向互动渠道。通过核心文化符号传播和受众细分的创新传播维度，将使得“万里茶道”的营销传播更为有力和精准。

**（四）茶旅融合**

1. 打造中国文化载体

任何成功的文化传播都需要载体。美国文化的载体是好莱坞电影、流行音乐、可口可乐、麦当劳、NBA、苹果手机等；日本流行文化的载体是动漫、日本料理、日本时尚等。

中国文化的载体迄今为止主要为中餐、太极拳、熊猫和长城。覆盖面和影响范围相对有限。而茶文化是最有可能打造成具有中国文化要素，和现代性、时尚性密切结合的中国文化载体。

基于“万里茶道”的文旅融合能否取得成功，最重要的不是资源，而是通过创意设计为其注入新的灵魂。在这方面，资源匮乏的日本，为我们提供了非常成功的经验。很长一段时间里，日本产品没有设计，只有抄袭，日本制造就是廉价劣质的代名词。但从20世纪50年代初开始，日本逐渐认识到，要取得长远发展，必须依靠设计。通过几十年努力，日本涌现出一大批世界级设计师，创造了独特的设计风格，也推动日本成为世界观光大国。

日本创意设计与文旅融合的最典型案例的就是酷日本（Cool Japan）战略。即推动日本文化与现代创意设计融合，打造全新的文旅产品。卡拉OK、动漫、日本文学作品、日本料理、日式建筑、和服、柔道、剑道、插花等日本文化形式的传播对日本国家形象起到了很好的塑造作用。此外，日本对其饮食文化的推广也卓有成效，在全球塑造了日本食品健康时尚的良好印象。

日本文化输出实践的强项之一正是知识产权的活用，通过打造文化IP进而衍生出产品矩阵。如对动漫形象进行二次甚至多次开发，形成主题游戏、主题模型、主题食品、主题服饰等文化商品，甚至是主题餐厅、主题博物馆乃至主题公园等旅游资源产品。

"万里茶道"沿途遗产正是我国茶文化的重要载体，提升万里茶道的传播力和影响力，不仅需要做好"万里茶道"沿途的发掘、整理和保护工作，更要在旅游产品开发中有机融入文化因素。

2. 茶旅融合

在营销传播上，福建、湖南、湖北等茶叶产地，可以围绕"万里茶道"树立其茶文化旅游的文旅品牌形象。在茶文化旅游的宣传促销中应注意挖掘和介绍茶文化内涵，结合实地的茶旅路线和产品，树立起茶旅融合形象，这样既可以为茶叶的推广营销创造有利条件，也为当地旅游业的可持续发展提供良好的社会人文环境。

作为"万里茶道"中国段的起点，福建省的武夷山市也是以旅游业和茶产业为两大支柱产业。数据显示，2018 年武夷山旅游收入 308. 19 亿元，涉茶产业产值 78 亿元。随着"万里茶道"申遗工作的深入推进，福建省可以依托自身的茶产业优势，开展茶产业与文旅产业的融合营销，让这里两大支柱产业形成优势互补的融合产业。

从文旅营销的角度看，"万里茶道"的茶旅融合可以建立在相关旅游路线的顶层统筹规划上，使得营销活动能够围绕具体的路线和旅游产品展开。通过合理安排旅游线路，把茶文化旅游景点与其他景点相结合，提升茶文化旅游产品开发的整体性，使分散的景点围绕茶主题形成集约化。此外，还可以重点开发有特色的茶文化旅游项目，从而激发旅游兴趣，提升深度旅游体验度。以茶文化为特色的线路和产品，将提供福建茶旅融合营销的重要基础。

3. 改善对外传播

中国旅游对外传播普遍存在着传播面窄、传播形式局限于传统方式、对新媒体的运用不充分、没有细分目标受众等问题。开拓国外新媒体和主流媒体平台是未来的重要课题。

在媒体状况、受众心理与构成、宗教与社会环境等方面，很多国家与中国有着天壤之别。由中方机构制作的传播内容往往很难取得良好的效果。但由海外单独制作的节目或内容，又很难准确、深入地传达中国的实际状况。因此，由中外双方专业机构或人员取长补短，合作开展传播，通常可以收到事半功倍的效果。

在产品营销上，“万里茶道”沿线省份可以有重点有层次地开拓海外市场，将营销重点放在具有饮茶传统的国家。例如，英国、日本、韩国、印度及东南亚国家。特别是日本、韩国、东南亚国家及我国的香港和台湾等地区，这些国家和地区处于亚洲茶文化圈内，在饮茶习俗、茶道、茶艺方面有相通之处。向这些国家和地区重点推出以茶文化为中心的文化旅游线路和产品，有望收到良好效果。

河南作为水陆交通转运的中心地带，成为茶叶贸易的货物集散中心。其中的南阳市，更是“万里茶道”水陆转运的节点城市，形成了具有特色的转运码头和早期茶叶市场。这些独具地域特色和历史意义的遗产点，都是河南省在展开“万里茶道”营销传播过程中的核心传播点。河南省更应该深挖本省境内的“万里茶道”路段特点，深入研究本区域内各遗产点的特点，在此基础上进行“万里茶道”的相关营销和传播活动。

河北省同样在“万里茶道”相关的传播营销活动中没有突出的传播亮点，在未来，河北省的营销方案同样应该建立在深挖本区域的特色遗产点的基础上。通过对如张家口市这样重要的遗产点进行整体设计规划，可使得这类具有集中茶道遗产资源的城市更好地借力“万里茶道”申遗的机遇，成为其中的地标式旅游城市，从而实现区域的产业升级和发展。

内蒙古自治区是“万里茶道”的中转地、集散地和重要途经地，也是面向蒙俄的桥头堡，留下了衙署、商号、客栈、驿站、古道、旧街区等丰富的文物古迹。同时，内蒙古独特的地理位置和地貌具有天然的旅游吸引力，因此是在“万里茶道”申遗进程中最具发展潜力的区域。在文旅产业发展上，内蒙古的旅游业收入在沿途省份中排位最低，旅游业的发展主要依赖于独特的地貌风光，在旅游产品开发、精品路线设计、旅游业态集约化发展上，内蒙古仍有很大的潜力。完全可以借助“万里茶道”这一跨区域的品牌，将内蒙古的文旅产业尤其是其中的旅游业从目前的粗放式发展提升到精细化、品牌化、集约化的阶段，形成属于内蒙古的“万里茶道”特色线路和产品，并带动整个区域的文旅行业提升和发展。

# 第七章

# 乡村民宿传播力指数

中国现代民宿的起源基于这几年旅游目的地酒店接待能力不足，从而衍生出来的酒店替代性产品，但因地域差异和逐利性，全国各地的民宿产品五花八门，服务质量参差不齐。目前国内对民宿的定义还没有清晰明确，正走在一个摸索前行的路上。总体来说，民宿定义有狭义和广义之分。狭义的民宿指利用自用住宅空闲房间，结合当地人文、自然景观、生态、环境资源及农林渔牧生产活动，为外出郊游或远行的旅客提供个性化住宿场所。而广义上讲，除了饭店、旅社之外，一切非标住宿基本上都可以归类为民宿。

最早的民宿是指农民将自己家的闲置居室作为游客的住宿场所，并结合本地的人文、自然景观及生活方式等，为外出郊游或远行的旅客提供个性化的住宿服务。随着民宿行业的发展，如今的民宿指的是由业主、房源承租者或商业机构利用空闲房间提供的住宿服务。从定义上看，民宿和个人业主的短租业务有重叠的部分，但从两者定位上来说，民宿更多面向旅游需求，因此更加注重地方特色的打造和舒适氛围的营造，是短租房的升级版。游客可以在民宿中体验当地生活，感受人文情怀。

## 一　中国民宿发展的历程

### （一）民宿的起源

关于民宿最早起源于哪里，众说纷纭，目前被认可的民宿起源地包括英国、法国和日本。据考证，英国民宿经营始于20世纪60年代，为了增加家庭收入，英国西南部和中部的一些农场经营者对游客提供了家庭式接待服务，服务的内容主要是提供床位和早餐，这一被称为B&B（Bed and Breakfast）的经营方式就是英国最早的民宿。20世纪70年代后期，英国民宿经营的范围扩大至露营地、度假平房（Flat）。同时，一些民宿提供者组成了自治会，通过集体营销的方式推动民宿业务的发展。1983年，英国民宿从业者设立的农场假日协会（Farm Holiday Bureau）获得了农业主管团体与政府观光局的支持。农场假日协会根据规章条文将民宿应具备的水平加以分级，其会员必须是向农渔粮食部登记在案的农场经营者，或经营农家住宿设施并具有一定服务质量水平者，从而将英国民宿带入了规范化发展的时代。

另一个重要的民宿发源地为法国。法国的第一家民宿出现在1951年，与英国早期民宿一样，是一间提供家庭接待服务的农舍。1952年，法国农业部开始给经营民宿的农民发放补助，同时，银行也为经营者提供优惠贷款。在政策支持下，法国乡村民宿迎来第一次快速发展，到1955年，法国成立了民宿联合会，该联合会提供的第一本指南中包含了146家民宿。

法国的民宿联盟会设定了一套行业标准，对民宿的服务质量、住宿环境、舒适度、基础设施及卫生设施配备情况等项目进行综合分析，并划分等级，得分越高代表住宿条件越好，这一措施使得民宿行业得以规范发展。法国政府除了对民宿经营者提供资金补助，还对在定居地经营了10年以上的民宿提供建筑整修补贴。除此以外，政府对于民宿的占地面积、设备、清洁情况、环境、旅客保险方面等都有严格要求，并且每隔几年就会进行一次评鉴。

另一个关于民宿起源的说法认为民宿源于日本的民办旅店，是由登山、滑雪、游泳等爱好者租借民居而衍生出来的。在20世纪60年代，由于日本经济快速增长，出行人群迅速增加，旅馆住宿空间不足，部分农场开始以副业经营方式提供住宿服务。20世纪70年代是日本民宿繁荣发展的时期，在休闲旅游热潮的带动下，日本民宿数量出现快速增长。目前日本持有执照的民宿约2万家，主要分为洋式民宿和农家民宿两大类。洋式民宿为具有一技之长的白领阶层转业投资，并采取全年性专业经营；农家民宿有公营、农民经营、农协（农会）经营、准公营及第三部门（公、民营单位合资）经营等五种形式，有正业专业经营，也有副业、兼业经营。日本民宿以平民化收费和自助式服务为主要特色，大多民宿都结合农场，通过丰富的农业项目引入来增进民宿主人与游客之间的关系，同时丰富游客的体验。对于民宿的监管，日本已出台相关律法，将民宿与旅馆提升到同一标准，但随着日本旅游业的发展，热门景区城市住宿资源紧张，为了缓解供需矛盾，日本政府正在逐渐放宽准入原则。

中国台湾地区从20世纪80年代开始发展民宿。按照台湾地区交通主管部门颁布的“民宿管理办法”（2002）中对“民宿”的定义：指利用自用住宅空闲房间，结合当地人文、自然景观、生态、环境资源及农林渔牧生产活动，以家庭副业方式经营，提供旅客乡野生活之住宿处所。该办法还依据地段及经营特色对其经营规模进行了严格控制。通常以客房数5间以下，且客房总楼地板面积150平方米以下为原则。但位于原住民保留地、经农业主管机关核发经营许可登记证之休闲农场、经农业主管机关划定之休闲农业区、观光地区、偏远地区及离岛地区之特色民宿，得以客房数15间以下，且客房总楼地板面积200平方米以下之规模经营。该定义强调民宿载体是自用住宅空闲房间，经营性质为家庭副业方式，经营体制更独立、更自由，民宿风格更加多样化。

综上所述，尽管对于民宿究竟起源于哪一个国家仍有不同说法。但是从全球视野来看，民宿起源于第二次世界大战结束后，出现背景是全球经济复苏和快速增长，人们的旅游出行需求随之提升，并导致旅游旺季时传统旅馆和酒店空间不足。因此，旅游地的农场、农舍等开始提供住宿服务。无论是英国、法国还是日本，民宿的出现都是由市场需求带来的，并且在民宿行业发展过程中，都形成了相应的法律法规和行业组织，走向了规范化的发展道路。

### （二）民宿在中国的发展历程

中国民宿行业起步较晚，民宿行业的高速发展不过七八年的时间，却迅速在旅游住宿板块的高中低端市场都占有了一席之地。

在 1980 年以前，中国住宿行业以国营饭店、招待所为市场主体。随着外资逐步进入中国的住宿行业，带来国际酒店管理经验和服务标准，合资或外资的单体酒店成为高端住宿行业的市场主体。进入 20 世纪 90 年代，市场经济的快速发展催生了更多的住宿需求，我国酒店行业快速发展，外资、合资和民营酒店数量都迅速增加。在此期间，我国制定了酒店行业的服务标准，酒店星级评价体系逐渐完善，传统住宿行业进入了规范化的发展轨道。同时，我国的民宿进入了萌芽期，民宿经营开始出现在经济发达的沿海地区。早期的民宿多是自发形成，经营主体是农民，以乡村农家乐为主，提供简单的餐饮和住宿服务。这一时期的民宿经营特点是价格低廉，分散化经营，没有特定主题，服务不规范。

1999 年我国大众出行需求出现了井喷式增长，传统的高端星级酒店已无法满足这一需求，因此促使了经济型酒店在我国的快速发展。同时，大众出行过程中对于住宿服务标准化、专业化的要求，又催生了连锁经营的经济型酒店集团的迅速扩张。由此，我国民宿行业进入了发展初期。除了早期的村民个体自发经营，开始出现村镇集体经营和外来投资者经营的民宿。在初期，民宿主要依托于人文古镇、知名山水景区进行选址，民宿的设施相比早期农家乐更为健全，服务更为规范，并出现了一批有个性、讲情怀的主题民宿。

2012 年后，我国大众的度假旅游需求增长迅速，大众出行由商务和访友出行为主，转向以旅游度假为主，因而大大增加了对提供个性化服务的主题酒店的需求。民宿行业正是在这一背景下进入了爆发式增长期。

2015 年 11 月 19 日，《国务院办公厅关于加快发展生活性服务业促进消费结构升级的指导意见》中明确提出“积极发展客栈民宿、短租公寓、长租公寓等细分业态”，将民宿定性为生活性服务业，推动了民宿合法化，此后又多次出台推动民宿有序发展的相关政策。根据原国家旅游局的统计调查，2014 年，我国民宿仅有 30231 家。到 2015 年末，上升至 42658 家。2016 年末，民宿总数已达 53852 家，两年之间增长了 78%。农家乐和家庭旅馆等概念，逐渐被民宿取代。

在进入快速增长期后，我国民宿行业发展出现新的特点，出现了越来越多的中高端民宿，硬件设施完善，整体风格讲究精致化，并关注当地人文特色。同时，民宿行业开始出现集群式发展模式，形成了一批有影响力的民宿度假区域和民宿品牌。除了传统的个体经营者，这一阶段民宿行业的经营者和投资者开始变得更为多元，政府、酒店集团纷纷进入民宿市场，出现了风投、跨界投资、众筹等多种投资方式。

2015 年后，共享住宿的概念逐步兴起，并且涵盖了原有的民宿概念。国家信息中心分享经济研究中心发布的《中国共享住宿发展报告 2018》显示，2017 年，我国主要共享住宿平台的国内房源数量约 300 万套，共享住宿交易规模约 145 亿元，比上年增长了 70.6%。2017 年，我国共享住宿参与者人数约为 7800 万人，其中房客 7600 万人。

图 7—1 显示了中国民宿的主要发展历程。

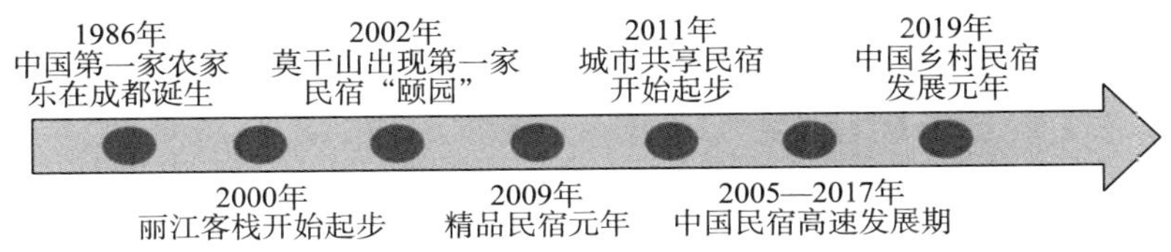


**图 7—1　中国民宿发展历程**

**（三）民宿的类型**

1. 按位置分

（1）城市民宿

包括城镇地区居民住宅短租、小型客栈等。对客源的类型没有要求，不管是商务出行、观光旅行还是探亲度假全都可以满足对住宿的基本需求。

（2）乡村民宿

以乡村文化为内涵，多依托景区或者地域特色资源而发展。乡村民宿的开发需要结合当地人文、自然景观、生态、环境资源及农林渔牧生产活动等，让游客体验当地的历史文化和风土人情，并与当地社区居民形成接触互动，实现深度旅游体验。

2. 按功能分

按功能，可以将民宿分为四大类，即共享型、客栈型、乡村体验型民宿和精品型民宿（见表 7—1）。

**表 7—1　民宿的类型**

| 分类 | 特点 |
| --- | --- |
| 共享型民宿 | 共享型民宿一般为居民住宅，对客源的类型没有要求，不管是商务出行、观光旅行还是探亲度假全都可以满足对住宿的基本需求。 |

续表

| 分类 | 特点 |
| --- | --- |
| 客栈型民宿 | 包括客栈和青年旅舍。客栈往往会利用当地的建筑风格设置不同类型的主题客房。富有当地文化特色，多采用传统建筑，如木质楼阁、四合院落等。 |
| 乡村体验型民宿 | 有农家乐、度假村、渔家乐、蒙古包、吊脚楼、窑洞、木屋等众多类型，可满足游客不断增长的个性化和体验式旅游需求。 |
| 精品型民宿 | 属于民宿的高端产品，具备民宿的一般特征，同时又保留了传统酒店对客房的标准化要求，甚至可以说是民宿与高端星级酒店的结合品。 |

## 二　乡村民宿传播力指数

### （一）浙江：品质民宿的引领者

#### 1. 始于莫干山的乡村民宿风潮

浙江民宿业态中，在全国乃至全球都享有盛誉的民宿群落要数中国四大避暑胜地之一的莫干山。而莫干山的民宿行业发展历程也可以说是浙江民宿发展史的一个缩影。浙江民宿产业的快速发展，除了得益于莫干山模式的启发，也源于浙江省政府多年来的有力扶持和引导。

莫干山最早在20世纪20年代便出现了满足避暑度假需求的开发，在当时，还没有民宿的概念，只是一批外国商人在这里兴建别墅、游泳池和网球场。随后便有不少国人开始效仿，兴建别墅。

至20世纪80年代，莫干山开始成为具有吸引力的夏季度假区域，但是当时提供住宿服务的为简陋的招待所，即便如此，旺季时也常常出现一床难求的情况。

2002年，莫干山诞生了第一家民宿："颐园"，颐园的第一批客人是一群外国人。颐园的出现，让外界看到了民宿这一新商机，"裸心乡""法国山居"等一批由外国投资者开发的民宿相继落成，到2006年，莫干山的民宿一晚可以卖到1600元。2012年，《纽约时报》旅游版评出2012年最值得去的45个地方，莫干山排名第18

位。莫干山民宿引发了国内媒体和旅游者的关注，“养心圣地”是莫干山在当时的代名词，由此带来了游客的激增和大量从业者的涌入。

2015—2016 年，一系列国家政策利好让民宿行业成为新的投资风口，而莫干山民宿也迎来了井喷般的发展。许多莫干山本地人都把自己家的房子改建，做起了民宿生意。这股投资热潮过后，莫干山民宿行业从最早的专注高端的业态进入了业态更丰富，同时也更混乱的局面。由于供大于求，一些定位不准、名气不高的莫干山民宿在 2017 年后陷入亏损困局。

数据显示，2016 年莫干山民宿数量比 2015 年增加一倍，2016 年上半年，莫干山全镇共接待游客 203.6 万人次，实现旅游收入 20.3 亿元，其中民宿接待游客 153.5 万人次，实现直接营业收入 14.6 亿元。

2017 年底，这里的民宿品牌数量达到 1000 余家。而莫干山的占地约 6.45 万亩，相当于每 64.5 亩就有一家民宿。为了争夺客源，莫干山的民宿开始打价格战。那些完全不顾成本，在初期花 1000 多万元装出不到 10 间房的民宿陆陆续续开始倒闭。

在这一背景下，以莫干山民宿为代表的浙江民宿行业出现了两个新的发展动向。第一个动向是做大做强，大乐之野、过云山居、茑舍、Kanra 紫一川、千里走单骑 5 家民宿发起集群战略。在乡村发展餐饮、游乐园、美术馆、儿童产业园等项目，将民宿变成度假区，为城市人的周边游提供去处。乡伴文旅集团的朱胜萱则是联合 10 家民宿建立集群，并配备餐饮、俱乐部、运动场所等一些娱乐设施。

另一个动向是做小做美，甚至回撤到低端市场也成为另一个生存策略，通过差异化战略抢占不同的市场份额。例如，2010 年开业的莫干山碧坞山庄，转型为农家乐，每晚房价仅 200 元。

与此同时，地方政府也在积极引导民宿发展。地方政府出面承办民宿会议，接待全国各地来的考察团，又承办一些活动等来为当地民宿带来客流量。德清县政府（莫干山所在县）在《休闲旅游发展“十三五”规划》中将莫干山正式定位为国际旅游度假区，并开发登山健身步道、路虎体验中心、Discover 极限基地、破风骑行俱乐部等户外休闲运动产品与度假产品，加快推进莫干山的建设，2016 年莫干山被列入我国首批特色小镇。

可以说，莫干山民宿群落是在天时地利的条件下由市场主体自主催生的，又经由市场竞争和政策规范两轮洗牌，从而走向更为规范的发展道路。浙江省其他地区民宿的发展路径，除了与莫干山路径有许多重合之处，更是打上了政府顶层设计的发展烙印。

2. 从农家乐到精品民宿

在 21 世纪初，经济发达的浙江出现了一股“农家乐”消费热潮，由于这一城市居民消费新时尚蕴藏的巨大发展空间，早在 2005 年，浙江就在安吉召开了首届农家乐发展大会，不仅成立了专门机构，还设立了专项资金予以扶持。但由于“农家乐”的服务项目单调并高度同质化，在发展几年后便显现出疲态。此时，莫干山民宿业态的出现，给“农家乐”转型提升打开了新思路。由“农家乐”升级而来的民宿快速蔓延开来。浙江省各地方政府纷纷出台政策，鼓励支持民宿发展。在地方政府看来，这是新一轮洗牌，谁能抢占高地，谁就能引领整个市场。

2015 年《浙江省旅游条例》正式出台。在这份文件中，浙江明确鼓励城乡居民利用自有住宅或其他条件，兴办民宿和“农家乐”。2017 年，浙江省第十四次党代会上，“大力发展民宿经济”成为重大发展战略，被正式写进决议，开全国之先河。

经过多年发展，浙江的民宿发展呈现出两个很有意思的现象：一方面，民宿出现集聚发展的趋势，因为容易打响知名度，更容易得到政府的重视，基础设施等公共服务更容易形成气候；另一方面，正是由于集聚，每一家民宿都需要通过差异、特色才能在竞争中持续生存。

浙江省农业农村厅的统计数据表明，在浙江，民宿床位1000张以上的就有30多个村落，其中除了顾渚村、白沙村、大溪村等老牌村之外，还有众多“小而美”的民宿村。民宿与民宿之间要有差异，区域与区域之间也要体现出不同。浙江乡村民宿在共性和个性上的平衡，正是浙江民宿产业异军突起的奥秘。

发展在政策扶持之下，浙江民宿产业不负众望，2018年的直接营业收入达到近60亿元，已超过了传统的星级酒店规模。2018年7月15日，中国旅游饭店业协会揭晓“中国最佳民宿”，上榜的12家民宿中，浙江独占6家。最新统计数据显示，截至2018年底，浙江民宿已达16286家，仅客房直接收入就近50亿元。

### （二）云南：彩云之南的“诗和远方”

1. 云南民宿的特色

大理、丽江等知名旅游城镇是我国民宿早期集中发展的地区，形成了全国最大的民宿群落。与浙江民宿产业发展过程中政府大力主动引导发展所不同的是，云南民宿产业的发展主要由民宿业主自发经营推进。云南民宿业主主要由外来投资者构成。外来投资除了推进云南民宿和旅游行业的快速发展，也带动当地乡村的脱贫致富，并引领当地村民的创业和就业。同时，早期的快速野蛮生长，也给云南民宿产业带来了一些问题，这些问题需要通过行业反思和政策监管来引导解决。

云南的地理条件极为优越，其温润气候、独特地貌、特色文化、自然风光具有天然的旅游吸引力。这一得天独厚的地理条件也使得云南成为发展民宿的沃土，旺盛的旅游需求催生了最早的一批民宿。云南发展较好的民宿都选址在古城、古镇、古县等历史文化丰厚的地方，如丽江、大理、泸沽湖、香格里拉、腾冲、西双版纳地，有着浓厚的民族特色和区域特色。

云南民宿的发展，很多是由外来投资者带动的。一项针对大理民宿经营者的调查发现，大理民宿的早期经营者中，有大量来自北京和上海等一线城市的创业者，甚至有来自国外的专业投资人。第一批经营者在2004—2010年陆续进入云南。云南优美的自然环境、多姿多彩的民族文化、不断升温的旅游市场、相对低廉的物价等，吸引着许多大城市的人圆梦“诗和远方”。

由于早期民宿的选址大多在具有深厚历史文化氛围的古城，经营者又大多数来自发达地区和城市，具有较丰富的知识和较强的创意能力，云南的民宿从一开始就不只是提供住宿的传统客栈。旅游业专家认为，2000多家民宿在丽江古城已经形成一种民宿文化。丽江的民宿包含纳西民族文化内涵和民居式建筑特色，吸引了全国各地优秀的民宿经营者，通过休闲度假旅游模式与景观、配套设施、特色美食的有机结合、开发创意文旅商品，不断提高丽江民宿的附加价值。

数据显示，2018年大理自助游、散客游占到旅游市场的八成，传统团队游正向深度体验游转变，民宿则成为旅游转型升级的载体。从2012年开始，大理州民宿客栈数量迅猛增长，大理市、剑川县的年均增长率都超过40%。

同样的井喷式发展，也发生在云南其他旅游热点区域，双廊镇占据观苍山洱海的最佳位置，保留着渔村文化的风貌。从2010年开始，双廊镇第一批文化民宿吸引了来自世界各地的“背包客”。短短八年时间，双廊民宿租金价格上涨了8倍，不仅快速增加了本地村民的收入，还带动了本地人的创业和就业。大理喜洲镇桃源村，民宿数量在2015年后增长近10倍，许多本地人也慢慢学着自己经营，提供一对一交通、导游服务和售卖土特产。

大理的调研结果显示，一家民宿客栈的外来投资从几十万元到上千万元不等，改变了当地农民从事农牧渔业的单一收入模式，并带动年轻人返乡就业和创业。民宿产业的快速发展，对加快城乡一体化进程发挥了重要作用。

2. 云南民宿存在的问题

在粗放式快速发展的同时，云南民宿产业也出现了诸多问题。

第一，云南民宿客栈在投资热潮过后数量饱和，部分地区出现了供过于求的现象。一些在 2012 年到 2015 年供不应求的客栈，在 2016 年后开始出现明显的入住率滑坡。

第二，云南部分城市的硬环境建设滞后。民宿行业的快速发展，环境承载压力大，消防、食品安全等方面也存在隐患，有些“明摆着的问题”出现推诿扯皮、监管缺失现象，导致“想办证的办不了，不办证的反而没人管”。

第三，粗放式管理带来的环境和社会问题。2017 年，洱海集中爆发蓝藻。为保护生态环境，政府下令海边民宿停业整顿，2000 多家民宿和餐厅停业，只有证照齐全才有机会恢复营业。结果是一年多后，1800 多家民宿拆迁。

### （三）精品民宿传播力 TOP 10

从 2020 年上半年最新数据看，传播力居前 10 位的精品民宿为：松赞、千里走单骑、西坡、隐居乡里、大乐之野、花筑、篁岭晒秋美宿、乡伴、过云山居、五号山谷（见图 7—2）。

乡伴文旅作为“田园综合体”概念的首创者和实践者，经过多年积累，陆续开发了一系列相关业态，包括连锁民宿“乡伴原舍”，亲子教育乐园“绿乐园”，田园综合体开发“理想村”。

乡伴文旅的民宿事业开始于 2010 年，第一个作品是莫干山的原舍望山；2016 年，国内首个民宿聚落“乡伴苏家”和“乡伴计家墩”同时开业。乡伴探索并实践了民宿集群 + 文旅 + 公共配套的新模式，各民宿主抱团取暖，聚合大家的力量，解决当下民宿痛点；各类文创工作室、手工工作室及餐饮、娱乐等业态弥补了民宿乡伴民宿聚落作为核心启动区，带动周边发展为特色文创小镇。乡

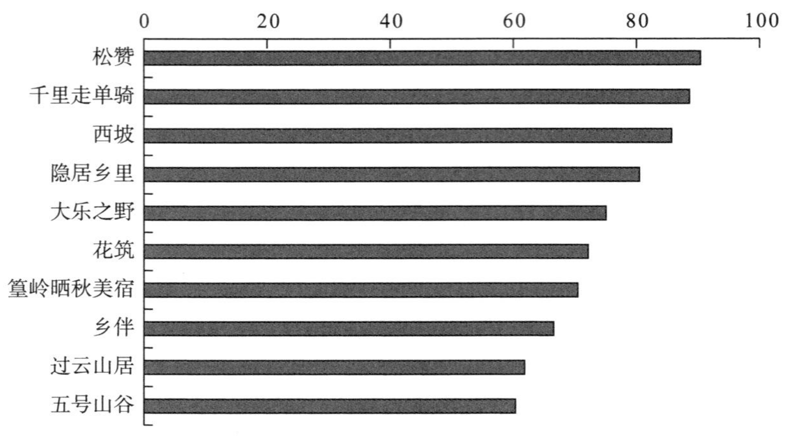


**图 7—2　精品民宿传播力 TOP 10**

伴文旅作为这个行业中的领头企业之一，希望通过民宿聚落的模式为大家打造一个平台，统一解决水电问题、办证问题、品牌营销推广问题等等这些实实在在会遇到的现实问题。

乡伴的民宿产品分为原舍和大院两个类型。本着“原色乡土，原本生活”的理念，每一家原舍系列都具有主题性的生活倡导。树蛙系列：择选优质的自然机理条件，在秘境中寻得的浑然天成之野奢部落；原舍系列：亲切又各富地域特色，体验到似曾相识的原乡归家之感；圃舍系列：以田为圃，以圃为家。耕耘花草蔬果的乡野生活最真实还原，富有蓬勃活力与朝气。

乡伴首创的“乡伴大院”模式，依托精品民宿“原舍”的运营团队，让民宿主人在自己的度假乡居之外，将民宿进行委托运营，把分散个体整合成主题院子联合运管，用全新的共享经济模型营造乡村社群，让各路艺术家、乡建人、返乡人进入乡村体验业态，通过创建一个乡村社群综合体，让渴望回乡的人用参与式的共创方式共建乡村。乡伴大院是推进乡村振兴的有力抓手。大力发展这种微民宿产业，可以吸引一批年轻人进入乡村，激发乡村振兴活力。引进多元力量参与乡村振兴，以民宿撬动乡村发展、打开旅游市场，带动更多的村民发展致富。

松赞的创始人白玛多吉曾经是 CCTV 纪录片的导演，从松赞绿谷开始，连续打造了 11 家精品民宿。目前，松赞集团旗下共有 2 个系列共 11 家民宿型精品酒店，包括：7 家精品山居酒店——松赞绿谷山居、松赞塔城山居、松赞奔子栏山居、松赞梅里山居、松赞茨中山居、松赞芒康如美山居和松赞然乌来古山居，以及 4 家林卡度假酒店——松赞香格里拉林卡、松赞丽江林卡、松赞拉萨林卡和松赞波密林卡酒店。它们分布在“三江并流”横断山脉及“世界屋脊”喜马拉雅山脉内自然风景优美、在地文化独特的区域。松赞在选址时会充分考虑相应的旅游线路布局，将松赞与旅游景区合为一个整体。有探访香格里拉的传奇和对三江并流自然景观的造访，也有结合明显的历史文化痕迹和轨迹的线路规划。

以松赞绿谷为例，绿谷和周边的村落环境是融合的，将原来藏族建筑的特点，与当地建筑和文化密切结合，而呈现出来的建筑形态。从建筑的耐用和长远考虑，松赞所有的建筑都使用石头和混凝土设计，相对于当地木板搭建的建筑，更为牢固耐用。松赞的核心诉求是搭建一个平台，从而传承并分享藏族文化中的佛学部分。希望通过对藏传佛教的理解，从而改变对藏地文化固有的印象。松赞不想成为世界顶级的酒店，而是想创造一个最好的文化分享平台，能够让更多人了解民族文化。

## 三 中国民宿业的发展趋势

### （一）趋势

1. 品质精致化

随着资本的不断涌入，以及消费者需求的不断提升，部分民宿将朝精品化、豪华化、高端化等方向演进。

2. 产品主题化

随着竞争的加剧，未来民宿将逐渐摆脱早期单一的依托景区发展的模式，而围绕某个主题进行差异化打造，形成本身具有旅游吸引力的主题民宿。

3. 经营连锁化

在民宿发展到一定阶段，经营者将着手打造自身的独特品牌，并逐渐扩大经营范围，实现连锁化经营。

花间堂、千里走单骑、花筑、大乐之野、青普、西坡等精品民宿都在走品牌化、连锁化的路子。这些民宿的定价很多高于五星级酒店，在设计、服务、文化体验等方面形成了各自独特的风格，并实现了较好的盈利水平。从游客角度说，在信用体系尚不完善的环境下，连锁化的民宿可以让用户选择更安心、住得更放心。

4. 管理规范化

目前国内的民宿发展尚缺乏统一的标准，未来将出台相应的法律法规和管理细则，从而不断推进民宿开发和管理的规范化。

5. 业态多元化

未来，多数旅游民宿将会不断延伸产业链，在住宿和早餐的基础上，拓展出向导服务、特产销售、休闲娱乐等增值服务。

### （二）问题与挑战

1. 民宿经营的中国特色

与英国、日本、美国相比，民宿在中国的发展历史较短，而且受到多方面条件制约，呈现以下三方面特点：一是土地非私有，这样，往往造成民宿的经营管理者和业主非同一主体，成本也随之提升；二是经营主体的多元化，造成主人文化的缺失；三是政策的不确定性，使得民宿经营者偏重于追求短期效益和非理性扩张。

2. 政策风险

民宿业发展了十年，但民宿企业经营合法性的问题依然没有得到解决。土地资质的问题、消防的问题等都是这个行业发展十年“埋下的雷”。

由于乡村民宿普遍难以通过旅馆开业前的消防安全检查，无法取得消防安全许可证，导致无法办理特种行业经营许可、工商营业执照等。2017 年，住建部、公安部、国家旅游局联合发布了《农家乐（民宿）建筑防火导则（试行)》，将农家乐、乡村民宿定位为一种新兴业态，而不是原有的旅馆、餐厅属性，一定程度上有效解决了这一制约农家乐、乡村民宿发展的瓶颈问题。该导则明确了农家乐（民宿）不纳入建设工程消防监督管理和公众聚集场所开业前消防安全检查范围，从制度层面打破了束缚小微农家乐、乡村民宿发展的桎梏。符合该导则适用范围的农家乐、乡村民宿，经过适当的防火改造，完全能够满足要求，从而进行合法经营。

但该项政策在地方并没有得到普遍实施。民宿的真正意义，就是在废弃的农民住宅、集体工厂、村镇小学和厂矿设施等旧建筑基础上改造，化乡村闲置资产成度假目的地，变废为宝。但在现有制度下，只要是旧房改造成民宿的项目都拿不到消防许可证。

民宿业的一些现实发展尴尬和政策制度性壁垒，只有在前进路上才能更好地解决，而不是停下来等一切制度都设计完美。40 多年的改革开放，很多行业和企业不断推进对模糊边界的突破和探索，政策也往往会对成为集体现象的现实困境做出有效呼应。

3. 服务品质

受制于中国民宿准入政策、资本市场、农村土地制度和复合型人才奇缺的现状，中国的民宿品质一直存在诸多令人诟病的地方。有些民宿人把“非标”的内容无限放大，往往轻视民宿设施、服务的基本内容需要标准化。业内人士认为，民宿难与酒店竞争，无论是管理、人才，还是营销等方式都不如酒店。

如中国最早的精品民宿开拓者裸心谷自投入运营以来，就备受业界关注，迅速成为国内最为成功的高档民宿品牌，房价动辄几千元。但在大众点评、知乎论坛、猫途鹰、百度贴吧等媒介中却发现，网友对其恶评如潮，“服务太差”“绝对不会去第二次”“整个酒店散发着浓浓的铜臭味”等负面评价占总体的四成。作为中国野奢度假头牌项目，带给消费者的感受更像一个借“野奢”为噱头的农家乐。裸心谷体现出的精品民宿服务品质差的问题，在民宿行业普遍存在，不仅降低了行业的美誉度，也使得回头客大幅度下降。

4. 盈利水平低

中国民宿市场经过2015—2017年三年的狂飙后，无论是知名连锁品牌还是单体民宿客栈都不约而同地陷入经营困境，有的已然撤出，很多处于资金链断裂边缘，甚至包括北京老牌旅游国企投资的知名乡村酒店品牌也是如此。

综合来看，盈利的民宿只有20%，盈亏平衡的有30%，其余的50%都是亏损。其中，共享民宿房间已经供大于求，淡季一来，很多民宿空置率很高。由于大家一哄而上，造成供需关系失衡，竞争全靠打价格战。大量的人租房做民宿，也拉高了房租成本。成本增加，收入压缩，利润被压得很低，大家都难赚到钱。

从精品民宿和客栈看，产品上也是同类化、同质化严重。选址过于集中，密度极高。渠道被OTA绑架，淡季入住率低，能赚钱的民宿客栈也很少。

中国农村土地制度也在严重制约着行业发展。民宿大部分都分布在乡村，但农村土地产权尚未开放，民宿经营者只能租赁，大量资金投入后不能构成企业的固定资产，而只是虚拟资产，就无法进行彻底的商业流转，所以很少有资本愿意对精品民宿长期投入。

### （三）对策与建议

1. 集群化与生态化

民宿开发有单独打造型和集群型之分。单独打造型往往功能比较齐全，除食宿外，还注意环境和景观的打造。集群型是把一个村庄、一条街道或者景区周边的一部分进行整体规划，连片打造成民宿。这类民宿主要依托的是古村古镇、民族地区。其特点是有规模，有特色，且管理比较完善。

宁夏中卫的沙坡头就是这样一个民宿集群。这里聚集了大乐之野、墟里、飞鸟集、西坡等头部民宿品牌。还有1家书店、1个美术馆、几家餐厅、1家法餐、1个咖啡馆。而旁边则是黄河、腾格里沙漠。

现在，一些成功的民宿企业开展做民宿平台管理，将现有的小民宿整合，形成集群或生态圈，做统一的管理和运营、营销、对接OTA平台，等等。小民宿缺少竞争力，在市场压力下，只有抱团才有可能取胜，这也就给管理平台提供了机会。

集群不单单整合民宿，更重要的是将餐饮、娱乐设施整合起来，将民宿集群变成一个住得好、玩得好、吃得好的地方。这些是酒店无法做到的。也就是说，从文旅产业的角度来做民宿，才更有竞争力。

2. 突出特色

从本质上看，民宿早已过了赚快钱的时代，也从来都是投资大、收益低、周期长的行业，其出路要么是规模化和多品牌化，要么是单店化、特色化和高价格。

以云南为例，大多数民宿的风格类型大同小异，换汤不换药，既没有把在地文化元素做出来，更缺乏真正有文化的内容设计。很多民宿都是设计师出于对作品的偏好所做的产品，非常注重外在的形态，但没有结合当地的人文、当地的乡村特征去展开活动，把民宿的功能只局限在了住宿功能上面。

乡村民宿需要做特色，才能吸引到游客。而打造乡村民宿的特色最关键的是区域+装修+拍照质感。区域也就是选址，乡村民宿选址要考虑稀缺性风景和消费力。稀缺性风景对顾客有强烈的吸引力。

民宿和酒店最大的不同，就是当地特色、亲切感，让客人有体验感，对这个地方有回忆，是民宿吸引人的地方。国内民宿发展比较好的地方为北京、上海、丽江、成都、厦门等城市，这些城市民宿都各有特色。比如，北京主要以农家乐、四合院为主；上海主要以老洋房为特色；丽江则以纳西族文化为特色。

3. 打造民宿“主人文化”

民宿小而美，酒店大而全，虽然说两者可以无限接近，但是民宿应该围绕民宿主人的生活而展开。民宿不仅仅是旅游过程中酒店住宿的补充，应该说民宿是一个独立的业态，一个有故事、有心灵触动的业态。一家没有主人的民宿，即使有很巧妙的设计，在入住的人看来，它依然是不完整的。民宿不仅仅是一个提供食宿的场所，更多的时候它提供的是一个生活体验和一份真实，乡土文化的淳朴和百姓的质朴，就是未来人们内心最大的精神需求。观光度假给人们带来的更多的是感官上的享受，而乡村度假满足的将会是精神诉求，这不仅仅是吃和住，更多的是一种精神的回归。

目前，大多数民宿产品，在民宿的“主人文化”上明显薄弱，“大同化”的产品在众多样式一样的民宿之间，就缺乏了核心竞争力，越来越同质化的民宿慢慢地也将难免变成另一种形态的“标准化住宿”。

由于土地的产权，民宿开发者所取得的土地使用权是有时限的，所以他们很难对其产业产生强烈的归属感或强烈的传承意愿。因此，民宿的投资者大部分是利益导向型的，运营模式将偏向于酒店标准化，很难出现带有情怀的主人经营模式。但成功的精品民宿首先是情怀型的。因此，在设计之前，设计师与业主有必要讨论其民宿的顶层文化，共同创造一个带情怀的产品。

# 第八章

## 夜间旅游影响力指数

“夜间经济”源自20世纪70年代英国为改善城市中心区夜晚空巢现象提出的经济学概念，是指发生在当日18:00到次日6:00以本地市民和外地游客为消费主体，包括休闲、旅游观光、购物、健身、文化、餐饮等在内的现代城市消费经济。“夜间经济”可以延长经济活动时间、提高设施使用率、激发文化创造、增加社会就业、延长游客逗留时间、提高消费水平、带动区域发展。夜间经济发展水平是衡量城市生活质量、消费水平、开放度、活跃度、投资软环境及经济与文化发展活力的重要指标。因此，夜间经济的培育和发展已成为经济发展中不可回避的重要议题。

夜间旅游是夜间经济中一种重要的消费形式，更是文化和旅游行业的需求新潜力和供给新动能。除了白天在景区游玩，夜晚的观光休闲活动能延长旅游消费时间，扩展消费项目，并给予游客与白天不同的文旅体验。这种旅游现象的快速发展，是基于游客对旅游产品需求的不断提高，不仅白天要有丰富的旅游项目，各具特色的夜间旅游项目也越来越受推崇。夜游经济在自成消费内容创造价值的同时，将美食业、特产业、娱乐业、工艺品业、住宿业、零售业等不同的销售业态进行整合，不仅延展了城市经济消费的时间与空间，更向人们展示了全新生活状态，给人以全新体验。

## 一 中国夜游经济发展历程

1979年，广州东方宾馆开办了国内第一家营业性的音乐茶座，开办之初，便是为了丰富外宾的夜生活。但随着音乐茶座吸引的市井平民越来越多，“边喝茶，边听歌”的娱乐方式逐渐普及开来，广州成为我国第一个有夜生活概念的城市。1985年，广州办起了国内首个灯光夜市——西湖路灯光夜市，同样引起轰动。

从全国范围看，夜间经济是自1990年初才开始起步的，经历了延长营业时间的起步阶段、多业态的发展阶段和品质提升阶段。我国夜间经济已经由早期的灯光夜市转变为包括“食、游、购、娱、体、展、演”等在内的多元夜间消费市场，逐渐成为城市经济的重要组成部分。

### （一）起步阶段（1990—1999年）

夜间经济最初以延长营业时间为主要特点。餐饮、购物等传统上以白天活动为主的服务行业逐渐向夜晚延伸，成为夜间消费的重头戏。许多特色美食和风味小吃在城市划定的夜间餐饮区内集聚，形成如北京的簋街，成都的锦里、宽窄巷子等独立的24小时餐饮区。城市商业区中的品牌购物店也纷纷延长营业时间，并推出夜间休闲项目。

此后，夜间经济业态不断丰富。酒吧、KTV、迪厅/舞厅、夜总会等活动时间以夜晚为主、白天为辅的现代服务行业逐渐走向本土化、规模化。三里屯作为北京夜间经济的符号，从20世纪80年代第一家酒吧出现到此后10年间，其方圆3公里范围内云集了北京一半以上的酒吧，三里屯酒吧街的经营达到了高峰。随着酒吧文化的普及，在北京市其他地方相继出现了很多如后海、工人体育场北路、朝阳公园、燕莎商业区、朝阳门外大街等非常红火的酒吧聚集区域。

### （二）发展阶段（2000—2009 年）

中国加入 WTO 之后，各地城市管理者迫切希望以“城市名片”作为切入点，在全国乃至国际范围内扩大城市的影响力和美誉度，而夜间经济有利于在经贸、文旅、民生三方面提升城市形象，带来社会经济效益，形成经贸新名片。这一时期，各地政府出台专项政策扶持夜间经济。2004 年，青岛市就出台了加快发展市区夜间经济的实施意见，对以夜间旅游为核心的夜间经济发展进行了积极探索；2006 年，杭州市旅游委员会发布了《杭州市夜间娱乐休闲生活发展报告》，在全国率先启动了推动夜间旅游休闲发展的序幕。

随着消费需求和层次不断升级，夜间旅游的专项产品逐渐走向成熟，夜间经济开始集约化经营。各地依托历史街区、河流、湖滨、海滨打造夜间经济聚集区。南京“夜泊秦淮”依托“一江一河”，以城市夜景灯光和两岸的地标性建筑为特色，将餐饮休闲、观光表演及互动娱乐融于夜间游船，结合游船码头的商街夜市，形成综合型的夜游产品。随着两岸亮化工程及大型室内演艺、山水实景演艺等文化形式的加入，南京夜间旅游成为城市的“金字招牌”。

从最初单纯抓住人们胃的需求的美食一条街到青年女士轻奢购物的广场，从作为旅游文创标配的咖啡厅、酒吧、KTV、歌舞厅和游戏厅等业态到街头音乐表演、互动展览、健身等多元体验式消费，均实行以夜晚为主、白天为辅的营业方式。于是各种综合性夜游产品的开发与涌现正在逐步实现国内城市夜间经济的升级换代，并不断走向多元化发展的新阶段。

### （三）丰富业态阶段（2010—2018 年）

2010 年以后，各地对夜间经济发展的推动进入高潮。2010 年河北省专门召开发展夜经济工作会议，出台了《关于推进夜经济发展的实施意见》；2012 年 11 月辽宁省政府对全省夜经济发展做出全面部署；2014 年 8 月，宁波市下发《关于发展月光经济的指导意见》；2014 年，《重庆市人民政府关于发展夜市经济的意见》发布；2017 年 11 月，南京市政府办公厅下发《关于加快推进夜间经济发展的实施意见》。

各地在出台夜间经济政策时，充分考虑了城市整体布局，目的明确、规划长远、定位准确，均以促进夜间消费、发展夜间经济为目标，以丰富业态种类、完善配套设施、强化日常管理为重点，着力打造一批特色鲜明、业态多元的夜间消费场所。

这些城市通过环境改造、亮化工程、文化植入、业态丰富与休闲配套，使夜间经济在空间布局上呈现围绕城市商务中心、自然或文化遗产、城市中心“边缘地带”的规律。首先，夜间消费场所普遍集中布局在城市各级商业商务中心的核心地带。例如，上海的南京路、淮海路，天津的滨江道，广州的环市路等在原有城市功能布局的基础上引入一些夜间活动场所，使之继续成为城市夜晚的活跃区。其次，是以自然或历史文化资源为依托的夜间旅游区域。例如，丽江、桂林、凤凰等历史古城的夜间景观吸引着大量游客前往。

此外，许多城市依托于国际大型活动的举办，打造夜间景观照明，不仅为城市增光添彩，也成为重大活动传播中的亮点。从杭州 G20 峰会光影闪耀西子湖畔到厦门“金砖五国”会议夜景照亮鼓浪屿，这些大型活动通过媒体传播将举办城市的美好夜景展现给全国乃至全世界人民，触发了各地居民的向往之心，也促动了地方政府的投资之意。近两年来，各地景观照明需求开始井喷，可见相关大型活动举办城市的示范效应明显。

### （四）战略提升阶段（2018 年以后）

2019 年 8 月 23 日，国务院办公厅印发《关于进一步激发文化和旅游消费潜力的意见》（以下简称《意见》）。《意见》指出，要顺应文化和旅游消费提质转型升级新趋势，深化文化和旅游领域供给侧结构性改革，提升文化和旅游消费质量水平，不断激发文化和旅游消费潜力，以高质量文化和旅游供给增强人民群众的获得感、幸福感。

《意见》提出了9项激发文化和旅游消费潜力的政策举措。包括：推出继续推动国有景区门票降价，拓展文化和旅游消费信贷业务等消费惠民措施；提高消费便捷程度；提升入境旅游环境；推进消费试点示范；着力丰富产品供给；积极发展休闲农业；推动景区提质扩容等。

同时，重点提出，要发展假日和夜间经济，落实带薪休假制度，加强节假日及高峰期交通管理，大力发展夜间文旅经济，建设一批国家级夜间文旅消费集聚区。夜间旅游被提升到了一个新的战略高度。

8月27日，国务院办公厅发布的《关于加快发展流通促进商业消费的意见》要求，要活跃夜间商业和市场。鼓励主要商圈和特色商业街与文化、旅游、休闲等紧密结合，适当延长营业时间，开设深夜营业专区、24小时便利店和“深夜食堂”等特色餐饮街区。有条件的地方可加大投入，打造夜间消费场景和集聚区，完善夜间交通、安全、环境等配套措施，提高夜间消费便利度和活跃度。与此同时，各地也将夜间经济作为促进消费、带动经济发展的重要增长点。

在此前后，全国已有北京、上海、广州等一线城市，以及天津、成都、重庆和济南等城市先后出台相关政策举措，谋求激发夜间经济新动能。

## 二　夜间旅游影响力指数

### （一）夜游城市影响力指数 TOP 10

夜间旅游影响力指数由 5 个一级指标和 18 个二级指标构成。5 个一级指标分别包括：夜游资源、夜游管理、夜生活指数、夜游传播、夜游品牌。夜游资源指城市街区夜游、景区夜游、演艺类夜游和特定夜游项目的数量和质量；夜游管理则包括发展夜游经济的政策、城市夜游规划、交通等基础设施、旅游市场秩序等。

从 2020 年上半年的数据看，夜间旅游影响力指数 TOP 10 的排序为：上海、广州、杭州、成都、西安、长沙、南京、重庆、深圳、天津。总体来看，南方城市的夜游发展水平远远高于北方城市（见图 8—1）。

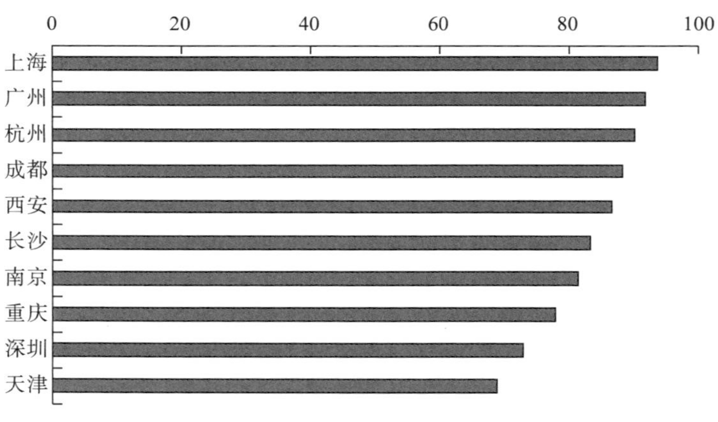


**图 8—1　城市夜间旅游影响力指数 TOP 10**

1. 成都

作为休闲娱乐之都，成都市一直以夜生活闻名。在城市发展过程中，成都市发展出了极具特色的夜间餐饮业和酒吧业商圈。2019 年 8 月发布的《阿里巴巴“夜经济”报告》显示，成都“夜间经济”氛围浓厚，多项指标位于全国前列。已拥有超过2000家酒吧的成都更不遑多让任何一线大城市。

2019年8月，成都发布了《成都加快建设国际消费城市行动计划》。计划强调，要挖掘夜间消费新动能，加强夜间经济的环境营造，加快培育锦江夜消费商圈，引入现代新兴消费业态，打造成都夜消费地标。之后又发布了中心城区景观照明专项规划，对中心城区区域以及“东进”区域的景观照明进行了分区规划，旨在展示成都特色夜景。开行14条夜间公交线路，推出地铁、商场节假日延时服务等。如今，成都的夜间经济已经有了自己的独特发展路径——不仅在各个区域都有点状的商业分布，还能通过天府绿道等城市交通系统穿街成片，展现丰富、生动的城市景象。

2019年8月，成都公布了35个夜间经济示范点位。其中一部分示范点以传统文化为肌理，包括锦江夜游、宽窄巷子、锦里消费商圈等；另一部分则以时尚新潮为特色，包括春熙路—盐市口商圈、华熙LIVE·528、天府沸腾小镇等。

2. 西安

西安不仅有丰富的历史旅游资源，也有悠久的夜市发展史。过去几年，西安重点培育夜间观光游憩、文化休闲、演艺体验、特色餐饮、购物娱乐五大夜游经济产业，在打造西安都市夜游商贸圈、建设特色风情街、推动重点景区打造夜间内容产品等方面取得了较为明显的成绩。

除了夜间餐饮，夜间交通和夜场电影的消费领跑全国，西安利用现有的旅游资源，策划了更具本地特色的夜间旅游产品，并取得了不俗的成绩。2018年春节，西安精心策划了具有十三朝古都特色的“西安年”文化活动，吸引了来自海内外的众多游客。春节黄金周期间，全市旅游收入103.15亿元，同比增长137.08%，几乎等同于此前4个春节黄金周旅游收入的总和。

2018年4月，西安正式发布《关于推进夜游西安的实施方案》。方案提出，将构建“品牌化、全域化、特色化、国际化”西安夜游经济。系统规划“一极两轴五板块多节点”发展格局，计划到2020年，全市完成五大类别的夜景亮化工程，特色夜游街区达到30个，使得“夜游西安”成为古都旅游形象的新亮点。

### （二）夜游产品影响力指数 TOP 10

夜游可以分为城市街区夜游、景区夜游、演艺类夜游和特定夜游项目。城市街区夜游基本特征是整体上免费、经营主体才收费，主要业态是餐饮、酒吧、书店、电影院、室内娱乐等。景区夜游是景区日游的延续，也叫夜场，收益方式以景区大门票加价或不加价为主，也有以二销的方式单独经营的。

相比之下，演艺类夜游项目的内涵十分丰富，主要业态是大型实景歌舞演出、特色戏剧演出等。近年来，还兴起了一些特定夜游项目，包括光影秀、水秀、灯会、游船夜游等。光影秀，作为夜光经济中的重要组成部分，不仅有着更加创新集约的生命活力，也符合了互联网科技时代的发展步伐，满足了消费者更新迭代的审美口味和需求。而对目的地来说，光影秀的出现更能让目的地从竞争激烈的白天旅游产品中跳出来，形成新的经济增长点。光影秀不仅减少了对人的依赖，同时也降低了人力成本，具有投资小、运维成本低、更迭快等鲜明优势，也因其时尚动感的光影、梦幻绚丽的效果、欢快跳跃的节奏，使环境空间呈现更加迷人的景色和氛围，是非常具有潜力的新兴夜游项目。

从各城市最具影响力的城市夜游产品看，TOP 10 的排序为：西安大唐不夜城、上海黄浦江夜游、成都宽窄巷子夜游、重庆洪崖洞夜游、北京三里屯夜游、广州珠江夜游、天津海河夜游、杭州西湖夜游、南京秦淮河夜游、清明上河园夜游（见图8—2）。

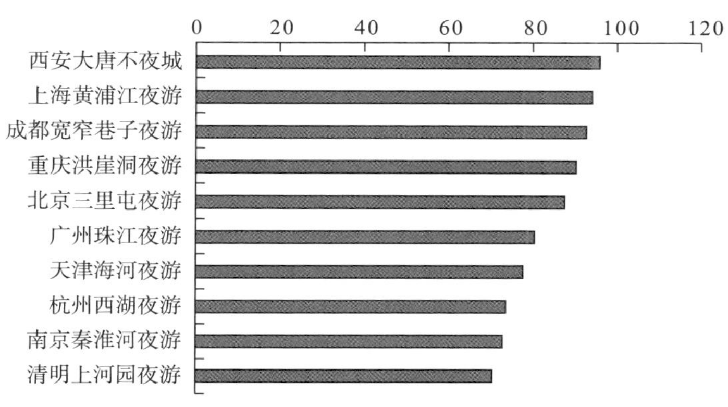


**图 8—2　夜游产品影响力指数 TOP 10**

大唐不夜城位于西安大雁塔脚下，北起大雁塔南广场，南至唐城墙遗址，东起慈恩东路，西至慈恩西路，街区南北长 2100 米，东西宽 500 米，总建筑面积 65 万平方米。大唐不夜城以盛唐文化为背景，以唐风元素为主线，建有大雁塔北广场、玄奘广场、贞观广场、创领新时代广场四大广场，西安音乐厅、陕西大剧院、西安美术馆、曲江太平洋电影城四大文化场馆，大唐佛文化、大唐群英谱、贞观之治、武后行从、开元盛世五大文化雕塑，是西安唐文化展示和体验的首选之地。

重庆洪崖洞原名洪崖门，是古重庆城门之一，位于重庆市渝中区解放碑沧白路，地处长江、嘉陵江两江交汇的滨江地带，是兼具观光旅游、休闲度假等功能的旅游区。通过分层筑台、吊脚、错叠、临崖等山地建筑手法，把餐饮、娱乐、休闲、保健、酒店和特色文化购物等六大业态有机整合在一起，形成了别具一格的“立体式空中步行街”，成为具有层次与质感的城市景区、商业中心。

真正让洪崖洞火的，是网红经济的兴起。洪崖洞巧妙地借助了“千与千寻”这一文化 IP，将自己的形象与动漫联系在一起，把洪崖洞构建成具有魔幻色彩的神秘世界。成千上万的网红，在全国各地寻找打卡的地方。洪崖洞成了网红们打卡的集中地。年轻人争先恐后来到这个网红景点，在社交平台上晒出精心拍摄的图片或视频，从而使洪崖洞成为全国知名的夜游目的地。

## 三　问题与对策

### （一）夜游发展存在的问题

1. 产品单一

从夜游产品的供给侧角度看，现阶段，我国旅游企业的夜游领域投资、产品供给数量和盈利水平等均较白天旅游产品有很大差距。虽然现在已经有不少企业开始入局夜间旅游市场，开发了一些相对成熟的夜市街区、夜间演艺等产品，但是当期市场上还缺少对于目的地城市的综合性夜游产品的打造。市面上已有的夜间旅游产品往往是单体形式的，不成系列、没有形成综合效应，对当地消费和市场的带动作用也就相对有限，整体占当地旅游市场规模也就很难与日间产品相“抗衡”。

目前，多数地区夜间经济产品局限于餐饮、购物、游船、灯光秀，而文化、体育、竞技、表演、康养之类的产品极度匮乏，业态单一，急需开发主题公园夜游、演艺夜游、娱乐夜游、水秀、庙会、灯会、特种夜游、运动夜游、天文夜游、特种摄影等游客参与性、体验性与学习性强的夜间经济业态。

2. 基础薄弱

“夜间经济”的发展切忌出现散兵游勇与粗制滥造的情况，必须首先瞄准打造高起点与高质量的“夜间经济”集聚区与人流商圈两大物理载体。“夜间经济”不等于兜售小吃和纪念品，也不应停留在城市夜景灯光的亮度与彩度营造上，同时更不是将白天的街头游商小贩转移到夜晚，而是要与城市历史文化进行深度融合。

目前我国各地能够支撑夜游的软硬件基础有一定的不足，夜间旅游产品的开发又十分受目的地城市基础条件限制。目前，市面上大量夜间旅游产品是由非旅游企业提供的，比如在目的地就餐、看电影、去剧院等，而这些服务设施主要是面对包括当地居民在内的更广阔消费群体的。受制于安全、交通等因素的限制，旅游产品普遍对白天、夜间行程安排不均衡，因此，很多游客为更好地休息、优先保障日间旅游只能牺牲夜间旅游。

3. 缺乏科学规划

发展夜间旅游不能一蹴而就，需要注重顶层设计、科学谋划。夜间旅游是一项系统工程，需要完善的政策环境。地方政府和旅游景区在发展夜间旅游时要有系统规划，科学布局，差异化打造，逐步推进。发展夜间旅游不仅要关注亮化工程和灯光氛围营造，还要以品牌建设为目标，充分考虑城市已有资源，特别是空间条件，确定夜间旅游的核心功能，开发符合城市定位和气质、凸显城市特性的夜间旅游产品，形成独有吸引力。

当前，大部分城市发展夜间经济局限于夜景灯光打造，忽视了文化特色这一重要内核，也忽视夜景营造对相关产业的拉动作用以及对地方优势资源的整合作用。夜间经济一味追求酷炫的科技，只能是“灯光秀”而不是“文化秀”。很多城市发展夜间经济仅仅把白天街头的游商、小商贩的经济行为在夜晚进行扩大化、组织化、合法化，给周边居民的日常生活带来很大困扰，引发食品安全、交通安全、环境安全等问题，扰民等问题日趋严重。缺乏科学规划与配套设施成为夜间经济进一步发展的瓶颈。

### （二）对策建议

1. 加强顶层规划

发展夜间旅游，地方政府和旅游景区必须科学系统地进行规划，要充分考虑现在的旅游资源是否适合开展夜间旅游。对于适合发展夜间旅游的资源和景区，要对夜间旅游的开发做好规划和设计，不能为了短期的利益而在尚未规划好之前就进行宣传和大量接受游客进行游览。一是不利于夜游资源的保护和长期发展，二是无法给到游客更好的观光游览体验。因此，政府和景区必须加强顶层设计，进行资源互通互助，共同对夜间旅游进行设计和规划，而保障夜间旅游的正常开展和进行。

2. 开发特色旅游资源

夜间旅游作为旅游市场的新亮点，也是代表城市形象的一张名片，因此各个城市和景区在开发夜间旅游资源时切忌生搬硬套，盲目借鉴和模仿其他城市和景区的夜间旅游景点和旅游产品。地方政府和旅游景区必须结合城市和景区特色，开发具有地方特色的夜间旅游资源和旅游产品，从而凸显城市和地方特色，带给游客独具特色的旅游体验。只有拥有特色，才能吸引更多游客的目光和兴趣，从而获得长久发展。

旅游城市要结合自身的资源特点，以文化艺术和城市空间为依托，加入沉浸式表演和休闲娱乐的互动，并融入当地生活和文化体验场景，做夜赏、夜游、夜宴、夜娱、夜购、夜宿“六夜”系列产品开发，让游客不仅要饱眼福，更要饱口福、耳福等，实现全方位沉浸式体验。另外，需要进一步丰富城市的夜游产品业态，实现产业的集群化和空间的集聚化发展，打造拳头性的、标志性的、具有更广范围影响力的夜间旅游产品。

3. 打造夜游品牌

在品牌竞争的时代，各城市夜间经济发展都需要重视培育自己的特色品牌。充分挖掘地方独特的人文和深厚的文化内涵，依托地方文化打造夜间经济的地方特色。成都的夜间经济主打休闲牌，休闲就是这座城市的品牌；上海的“新天地”、外滩等都已成为促销上海夜生活的品牌。同时，城市发展离不开文化的承袭，许多城市在历史街区、活动空间和传统习惯的基础上，实体经济实现了向城市特色文化靠拢，并依托深厚和独特的城市文化打造了夜经济品牌。在此基础上衍生出各种夜经济载体，如美食、演艺、工艺品、景区纪念品，利用独特的夜间景观吸引顾客，实现城市设施、要素、功能在空间上的合理布局和优化配置。

4. 加强基础设施建设

基础设施和配套服务相对完善，是发展夜间旅游的前提条件。交通便利、饮食放心、安全有保障等，这是游客在选择夜间旅游前更加关心和重视的问题。如果交通不便利，无法提供多样化、有特色的饮食，甚至存在安全问题和安全隐患，即便有很丰富的夜间旅游资源，也难以吸引游客在夜间出游，更无法形成口碑效应以吸引更多游客。因此，发展夜间旅游的城市，政府需要先加强基础设施建设，完善配套服务，保障出行便利和安全，才能使游客在选择夜间旅游时“无后顾之忧”。

首先，各大城市应该适当地延长公交车的运营时间，特别是一些客流量比较多的夜间旅游专线，可以根据旅游发展程度，最多延长到凌晨1：00。事实上，目前很多城市都有公交车夜间专线，因此也可以调整这些夜间公交专线，使其绕过夜间旅游景点区域。其次，各个城市应该加强交通管理和疏通，特别是对于各个景点附近区域的交通管制，应该加强其管理力度，及时进行交通疏导，给游客提供一个便捷的旅游环境。最后，各大城市应该全面推进夜间LED网络建设，加大资本的投入，从而完善城市夜间亮化工程。

# 第九章

# 旅游景区影响力指数

旅游景区是以旅游及其相关活动为主要功能或主要功能之一的空间或地域。具有参观游览、休闲度假、康乐健身等功能，具备相应旅游服务设施并提供相应旅游服务的独立管理区。包括风景区、文博物馆、寺庙观堂、旅游度假区、自然保护区、主题公园、森林公园、地质公园、游乐园、动物园、植物园，以及工业、农业、经贸、科教、军事、体育、文化艺术等各类旅游景区。截至2020年6月底，全国共有景区2万余家，A类景区达到9000多家，中国5A级景区数量达到280家。

旅游景区大体上可以分为四个类型：第一类是自然景观的生态旅游景区；第二类是人文景观的旅游景区；第三类是人造景观的旅游景区，如主题公园、文博设施等；第四类是旅游度假区。

## 一 生态旅游景区影响力

### （一）生态旅游景区影响力 TOP 10

生态旅游景区是指那些相对没有受到过度的人类活动干扰的自然区域，为游客提供享受并了解自然的场所。生态旅游景区对旅游者的核心吸引力是其自然生态景观，或是具有生态美的人文景观，如传统的农村田园风光、植物园、动物园、古代园林、山水名胜等。因此，具有生态美的自然及文化客体是生态旅游景区与一般旅游景区的最大区别。生态旅游与传统的旅游类型最大区别是其具有保护性，以旅游可持续发展作为其终极目标。因此生态旅游景区从开发伊始即奉行环境保护的原则，规划设计出一整套资源及环境的保育措施，从旅游者、旅游开发者和当地居民三方面采取相应措施，确保生态旅游景区的可持续发展。

截止到2020年，在5A级景区中，生态景区数量达154个，占5A级景区总体的55%。其中，新疆的生态景区比例最高，13个5A级景区中，生态景区为12个，占92.3%。与之相比，北京的8个5A景区中，没有一个是生态景区。而5A级景区最多的江苏省，生态景区占比为62.5%。

基于2020年上半年数据，全国生态景区中，综合影响力TOP 10排序为：黄山、九寨沟、武夷山、张家界天门山、泰山、云台山、庐山、峨眉山、九华山、长白山（见图9—1）。

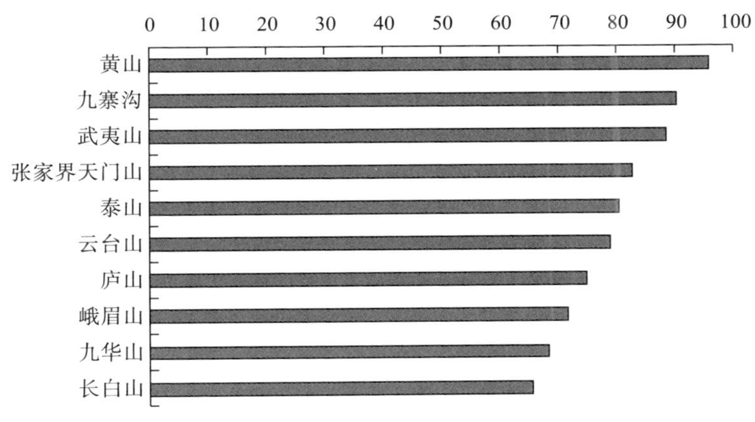


**图9—1　生态旅游景区影响力TOP 10**

### （二）案例分析：武夷山风景名胜区

武夷山国家级风景名胜区位于福建省西北部的武夷山市内、武夷山脉的中部，属典型的丹霞地貌，总面积70平方公里，是国务院首批公布的国家级重点风景名胜区，被联合国教科文组织列入世界遗产名录。武夷山西部是全球生物多样性保护的关键地区，分布着世界同纬度带现存最完整、最典型、面积最大的中亚热带原生性森林生态系统。东部山与水完美结合，人文与自然有机相融，以秀水奇峰、幽谷险壑等诸多美景，悠久的历史文化和众多的文物古迹而享有盛誉。其中部联系东西，涵养九曲溪水源，是保持良好生态环境的重要区域。

1. 多业态形式融合填补旅游空白短板

夜游项目曾是武夷山旅游的短板，2010年开演的《印象大红袍》，填补了夜间文化生活空白。除《印象大红袍》《武夷水秀》及《夜游下梅》等保留节目外，武夷山还推出一系列夜游产品，催热夜游经济。2018年9月，武夷山启动宋街夜游项目，在崇阳溪之畔，布局民宿、酒吧等业态，点亮武夷宫景色。“夜游崇阳溪”也在试运行，这是国内规模最大的自然环境夜景演出。武夷山以醉与美为主题，将自然景观、科技手段融为一体，呈现一场夜游视听盛宴。

2. 继承“双世遗”传统优势做强特色茶文化营销

武夷山风景区旅游和茶业、文化具有深层次的内在联系，茶业+旅游、文化+旅游深度融合在武夷山风景区如今的营销推广中。围绕茶文化，武夷山承办各类特色茶文化活动。民间斗茶节、茶王赛引来媒体竞相关注，茶博会深化两岸交流合作，进一步提升中国茶在国际市场的知名度和竞争力。

3. 政府助力旅游开发打造电商“新零售”样板

由武夷山市政府授权，“武夷山大红袍官方旗舰店”在天猫、京东两大电商平台上线。官方旗舰店的设立，一方面为具有原产地品牌优势的武夷岩茶企业、产品提供全新的网络销售渠道及展示平台；另一方面为消费者提供一个购买岩茶可靠的电商门店。旗舰店打造“新零售”样板，通过线下体验、线上消费的模式，解决了消费者在电商平台购茶无法实时感知体验的痛点，将更好地推动武夷山旅游产业的发展。

4. “旅游+”模式深度融合营销全域旅游高潮迭起

武夷山风景区打造研学、摄影、美术等基地，创建一批旅游A级景区，用补齐短板、丰富业态、主动营销的内外兼修模式，实现武夷山旅游花开全域，开启了武夷山旅游新篇章。

一系列国际轮滑节、国际骑游大会、国际马拉松赛等体育赛事，吸引了来自世界各地的体育爱好者。这些国际体育赛事扩大了武夷山的知名度和美誉度。除了体育旅游客源增加外，通过媒体传播的潜在影响力更是惊人，“旅游+体育”深度融合营销模式越发成熟。

## 二　文化旅游景区影响力指数

### （一）文化旅游景区影响力 TOP 10

旅游与文化密不可分，文化是旅游的灵魂，旅游是文化的重要载体。文化旅游的过程就是旅游者对旅游资源文化内涵进行体验的过程，它给人一种超然的文化感受，这种文化感受以饱含文化内涵的旅游景点为载体，体现了审美情趣激发功能、教育启示功能和民族、宗教情感寄托功能。发展文化旅游产业是市场经济条件下，发展经济，繁荣文化，满足人民群众物质和精神文化需求的重要途径。随着我国经济社会发展和人民收入水平的提高，文化旅游业已进入快速发展时期。

中国文化旅游景区可分为以下三大类，即以文物、史记、遗址、古建筑等为代表的历史文化景区；以现代文化、艺术、博物馆等为代表的现代文化景区；以传统文化、地方特色、生活习俗为代表的民俗文化景区。5A级景区中，文化旅游景区占37.1%。其中北京8个5A级景区全部为文化旅游景区；陕西10个5A级景区中，文化旅游景区占7个。

基于2020年上半年数据，全国文化旅游景区中，综合影响力TOP 10排序为：故宫博物院、秦始皇兵马俑博物馆、敦煌莫高窟、布达拉宫、八达岭—慕田峪长城、苏州古典园林、嵩山少林寺、乌镇古镇、平遥古城、龙门石窟景区（见图9—2）。

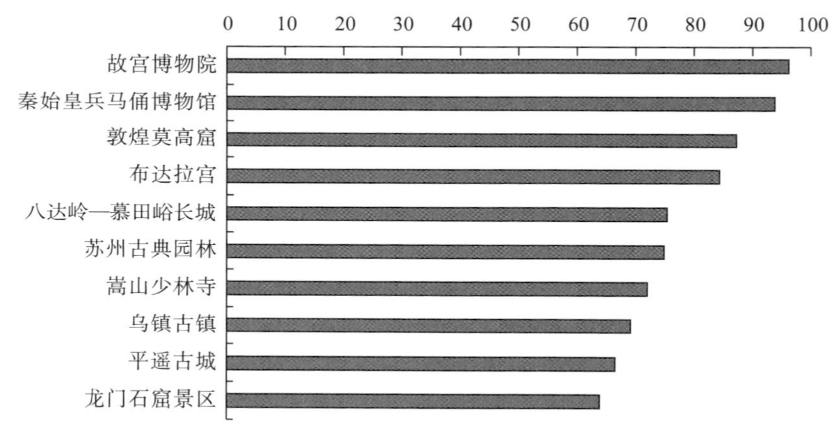


**图9—2　文化旅游景区影响力TOP 10**

### （二）案例分析：故宫博物院

北京故宫是中国明清两代的皇家宫殿，旧称为紫禁城，位于北京中轴线的中心，是中国古代宫廷建筑的精华。北京故宫以三大殿为中心，占地面积72万平方米，建筑面积约15万平方米，有大小宫殿70多座，房屋9000余间。是世界上现存规模最大、保存最为完整的木质结构古建筑之一。北京故宫1961年被列为第一批全国重点文物保护单位，1987年被列为世界文化遗产。

1. 故宫IP形象化，深挖中国元素

故宫作为最正宗、最浓厚的“中国风”代表，可以挖掘的中国元素不计其数。在互联网时代，故宫博物院以故宫IP为起点，将产品、品牌、渠道、用户等商业元素与IP连接形成场景化的解决方案，通过文化产品这一载体实现消费者“把故宫带回家”的目的。在目前淘宝十大原创IP排行榜上，“故宫淘宝”排名第一。比起一些只会冷冰冰发布与企业相关新闻的官微，“故宫淘宝”作为一个企业官方信息平台，大开的脑洞、奇葩的文案显得更有性格。

2. 影视综艺开花，刷新大众认知

2016年的一档纪录片——《我在故宫修文物》获得了大量年轻人的追捧，点击量超过200万，而后出现的《国家宝藏》《如果国宝会说话》等类似作品，也在年轻观众的心中留下了深刻印象。2018年暑期，一首《丹青千里》更是唱出了《千里江山图》的壮阔山河，同时也创造了不俗的播放量。2018年底北京卫视新出的一档综艺节目《上新了·故宫》备受年轻观众的喜爱，在节目中，演员周一围、邓伦化身“故宫文创新品开发员”，与嘉宾一起探寻故宫更多更深的故事，更有御猫“鲁班”为观众科普历史知识。这些与故宫相关的影视综艺作品，一次次刷新大众对故宫的认识，也让大家重新认识到故宫和中国传统文化的魅力所在。

3. 转变严肃画风，新媒体平台营销

除了故宫淘宝卖萌带货之外，故宫涉足了微信公众号、微博、H5等，后又进军文案界、微表情界，进行了一系列事件营销。故宫博物院的公众号，以一种“萌”和“潮”的形象登录大家的社交平台中，让历史重返年轻人市场。故宫上线的《胤禛美人图》《紫禁城祥瑞》《皇帝的一天》《清代皇帝服饰》等多个APP，把手机变成了故宫文化全面连接的入口。故宫还先后与阿里巴巴、腾讯两大互联网巨头达成合作，搭建了文创产品销售平台，推出了故宫定制版游戏、故宫 QQ 表情。故宫以其颠覆传统严肃形象的宣传模式拉近了与受众的距离，也增加了互动感，既向各年龄层受众科普了小众的历史故事，又将自己的新产品宣传出去。

4. 跨界合作推广，寻求品牌合作

故宫通过跨界合作，与品牌联合推出合作款，不仅实现借势营销，还让故宫文创传播更广，深入生活。例如，故宫文创和时尚芭莎推出珠宝合作，让中国风美出新高度。故宫文创和稻香村合作，中秋推出宋徽宗画作元素的月饼。2018 年，故宫文化中心又和农夫山泉联合出品了“故宫瓶”。多元的合作方式，也让故宫在文创商品和营销合作方面更加灵活。

## 三　主题公园影响力指数

### （一）主题公园影响力 TOP 10

根据旅游体验类型，主题公园可分为游乐类、景观类、动物园类、民俗风情类及情境模拟类五大类型。从主题公园发展现状来看，游乐类、情境模拟类主题公园广泛使用大型游乐设施，部分动物园类、景观类或民俗风情类主题公园也引入了结合主题的大型游乐设备等项目。

十多年来，我国主题乐园领域得到长足发展，培育和形成了一批本土高端主题公园品牌。基于 2020 年上半年数据，全国主题公园中，综合影响力 TOP 10 排序为：上海迪士尼乐园、长隆欢乐世界、华强方特、欢乐谷、杭州宋城、横店影视城、三亚 · 亚特兰蒂斯海洋旅游综合体、融创乐园、杭州 Hello Kitty 主题乐园、中华恐龙园（见图 9—3）。

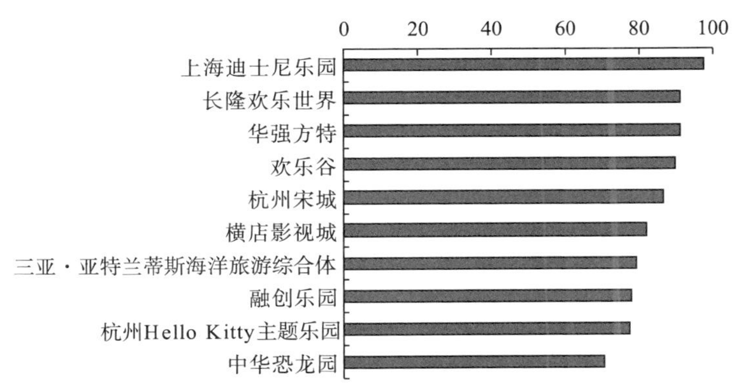


**图 9—3　主题公园影响力 TOP 10**

### （二）案例分析：长隆欢乐世界

长隆欢乐世界地处广州番禺迎宾路，占地面积 2000 多亩，游乐设施近 70 项。欢乐世界引进了瑞士、荷兰、德国、意大利、美国等全球领先的游乐设备公司的设备，包括垂直过山车、十环过山车、摩托过山车、飞马家庭过山车、U 型滑板、超级水战、特技表演、超级大摆锤以及目前世界上先进的四维影院。其中垂直过山车、十环过山车为全球仅有的两台之一，而垂直过山车仅单项投资就超过 2 亿元人民币。除游乐项目外，园区内还邀请体现美国牛仔力量的北美伐木表演专业队伍加盟。此外，还有来自 20 多个国家的 200 多位演艺精英组成的娱乐大巡游。

产品丰富树立品牌旗帜。长隆欢乐世界倾力打造集乘骑游乐、特技剧场、巡游表演、生态休闲、特色餐饮、主题商店、综合服务于一身的具国际先进技术和管理水平的超大型主题游乐园。园区内分欢乐小镇、旋风岛、尖叫地带、哈比儿童乐园、彩虹湾、欢乐水世界、幻影天地等几个部分，游客既可体验惊险刺激的项目，也可参加休闲放松的欢乐活动。开业至今，长隆欢乐世界完成了巨变——从硬件游乐的 1.0 时代蜕变成以满足游客主题体验为中心的

3.0 时代。产品的多样性和丰富性使得长隆欢乐世界树立了良好的品牌旗帜，向主题游乐市场交出了一份满意的答卷。

跨界合作提升游玩体验。拥有丰富游玩产品的同时，长隆欢乐世界不断融入现代科技提升设施的体验感。2018 年 8 月，长隆欢乐世界首发“王者荣耀版 VR 过山车”。长隆与王者荣耀的跨界创意合作，正通过现今最前沿的游乐科技带给广大游客更极致的体验。游客戴上高科技 VR 眼镜坐上全新升级的飞马家庭过山车，在风驰电掣与失重感中进入超现实的逼真景象，身体感官完美结合了虚拟视觉冲击，体验感大大增强。

电视节目娱乐营销推广。近年来，长隆与顶级媒体和顶级电视节目强强联手，极大地提升了长隆在主流媒体上的影响力，其“娱乐营销”战略已经成为一本实用的市场推广教科书。如与浙江卫视《中国好声音》栏目合作；借助《爸爸去哪儿》大电影拓展知名度；与真人秀《奇妙的朋友》《奔跑吧，兄弟》开展合作，其品牌影响力进一步凸显。

## 四　旅游度假区影响力指数

### （一）国家旅游度假区发展概况

旅游度假区是一种综合性旅游目的地，以满足游客休闲需求为主要目标，以完备的设施与服务为主要特征，资源环境与区位也是其关键要素。从世界范围看，旅游度假区的普及已有半个多世纪的历史，现已成为旅游发达国家旅游业经营的半壁江山。据统计，法国的度假旅游者已占全国人口的 58%，英国这一比例高达 70%，而美国的度假旅游者占出国旅游者的 60% 左右。同时，度假旅游的浪潮也正在席卷广大第三世界国家，其大众化趋势越来越明显。

中国的国家级旅游度假区是指符合国际度假旅游要求、以接待海内外旅游者为主的综合性旅游区，有明确的地域界限，适于集中建设配套旅游设施，所在地区旅游度假资源丰富，客源基础较好，交通便捷，对外开放工作已有较好基础。与国家级风景名胜区等自然保护区不同的是，国家级旅游度假区属于国家级开发区。创建国家级旅游度假区是促进和引领旅游行业由观光型向休闲度假型转变的一项重要工作，对我国旅游产品体系的建设和完善具有重要意义，对我国旅游业今后长期发展有深远的影响。

2015 年 10 月 15 日，国家旅游局公布了首批 17 家国家级旅游度假区名单，这是第一次从国家层面为度假区定级。率先拿到国家级旅游度假区名头的 17 家度假区分布于 11 个省市，大部分位于东、中部地区，江苏、浙江各有三家，山东、云南各有两家，吉林、河南、湖北、湖南、四川、广东和重庆市则各有一家。

2015 年 11 月，国家旅游局公布了首批 17 家国家级旅游度假区，标志着我国旅游度假区建设由先批后建的开发区管理模式，转型为先建后评的标准化管理模式。2017 年，原国家旅游局又组织评定了第二批 9 家国家级旅游度假区。分别是海南省三亚市亚龙湾旅游度假区、浙江省湖州市安吉灵峰旅游度假区、山东省烟台市蓬莱旅游度假区、江苏省无锡市宜兴阳羡生态旅游度假区、福建省福州市鼓岭旅游度假区、江西省宜春市明月山温汤旅游度假区、安徽省合肥市巢湖半汤温泉养生度假区、贵州省赤水市赤水河谷旅游度假区、西藏自治区林芝市鲁朗小镇旅游度假区等。2019 年又增加 4 家，国家级旅游度假区达到 30 家。

30 家国家级旅游度假区中，江苏、浙江各占四席，其次是山东、云南各三席，广东、云南各两席。从类型来看，分为河湖型（11 个）、温泉型（5 个）、山地型（5 个）、海滨型（4 个）、综合型（3 个）、庄园型（1 个）、小镇型（1 个），河湖型占比最高，为 37%，其次为温泉型及山地型，各占比 17%。

### （二）旅游度假区影响力 TOP 10

基于 2020 年上半年数据，全国旅游度假区中，综合影响力 TOP 排序为：三亚亚龙湾国家旅游度假区、东钱湖旅游度假区、东部华侨城旅游度假区、山东凤凰岛旅游度假区、天目湖旅游度假区、汤山温泉旅游度假区、长白山旅游度假区、成都天府青城康养休闲旅游度假区、太湖旅游度假区、林芝市鲁朗小镇旅游度假区（见图 9—4）。

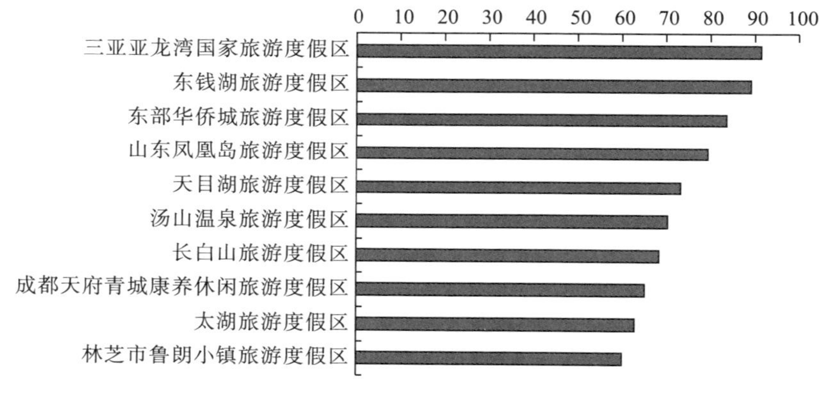


**图 9—4 旅游度假区影响力 TOP 10**

## 第 十 章

# 文旅企业影响力指数

旅游企业是从事旅游经济活动的独立单位，包括直接旅游业和旅游相关产业两大部分。直接旅游业是指直接为游客提供出行、住宿、餐饮、游览、购物、娱乐等服务活动的集合，包括旅行社、饭店、餐馆、旅游商店、交通公司、旅游景点、娱乐场所等。旅游相关产业是指为游客出行提供旅游辅助服务和政府旅游管理服务等活动的集合。近年来，旅游企业的一个突出变化是跨界融合，如旅行社企业向酒店业、景区延伸，景区企业向旅游综合体延伸，线上企业向线下延伸。综合旅游企业或集团正在成为大型旅游企业的主体。

旅游集团可以分为三类：一是国有文旅集团，如直属于中央的中国旅游集团、华侨城集团，以及各地方政府旗下的文旅集团，如首都旅游集团、锦江国际集团、浙江省旅游集团、陕西旅游集团等；二是民营旅游集团，如开元旅业集团、祥源控股集团、融创文旅等；三是以在线旅游为主体的 OTA（Online Travel Agency），如携程集团、同程集团等。

文旅企业影响力的评价也是由竞争力和传播力两个板块构成。传播力的评价和旅游目的地等基本相同，而对竞争力的评价则有所不同。

旅游企业的竞争力是指在竞争性市场条件下，企业通过培育自身资源和能力，获取外部可寻资源，并综合加以利用，在为顾客创造价值的基础上，实现自身价值的综合性能力。

企业的竞争力分为两个层面：第一是资源能力层面，包括各经营管理要素组成的结构平台、企业内外部环境、资源关系、企业规模、财务指标、产品生产及质量控制能力、企业的服务、成本控制、营销、研发能力。第二是管理能力，即核心层面，包括以企业理念、企业价值观为核心的企业文化、管理体制、稳健的财务、企业创新能力、信息化水平等。第一层面是基本竞争力，第二层面是核心的竞争力。

综合以上分析，旅游企业影响力评价体系共由四个一级指标，即企业资源、企业管理、传播力、品牌力构成。资源环境和政策管理是衡量旅游目的地竞争力的指标；传播力和品牌力则是评价企业营销能力的指标。

## 一　国有文旅集团影响力指数

### （一）国有文旅集团概况

在各类国有文旅集团中，中国旅游集团有限公司和华侨城集团是国务院国资委直接管理的大型中央企业。

中国旅游集团有限公司的前身是银行家陈光甫先生于 1928 年设立的中国旅行社香港分社。经过 90 余年的发展，集团形成了由旅行服务、旅游投资和运营、旅游零售、酒店运营、旅游金融、战略创新孵化六大业务组成的产业布局，网络遍布内地、港澳和海外近 30 个国家和地区。集团旗下汇聚了港中旅、国旅、中旅、中免等众多知名旅游品牌，是目前中国最大的旅游央企。截至 2019 年底，集团员工人数为 4.3 万人，有总资产近 1300 亿元，全资或控股企业 584 家，每年接待游客超过 6000 万人次。

华侨城集团 1985 年诞生于改革开放的前沿阵地——深圳，控股华侨城 A、康佳集团、华侨城亚洲、云南旅游、天视文化等多家上市公司，是国家首批文化产业示范基地，资产规模已突破 3000 亿元。华侨城创造性地提出“文化 + 旅游 + 城镇化”和“旅游 + 互联网 + 金融”的创新发展模式，积极推进城镇化战略突破落地。目前集团运营和赋能管理的旅游景区有 40 多个，累计接待游客超过 4 亿人次。

华侨城 2020 年最新项目是 6 月动工中山华侨城欢乐海岸项目。该项目位居中山市石岐区核心区域，北临港口，南至岐江，西起岐环路，东至兴利路、中山北站，总占地面积近 30 万平方米。项目建设内容计划包括探险乐园、湿地公园、科技乐园，以及欢乐嘉年华、一河两岸曲水湾（美食）文化带和旅游度假酒店等，总投资额约 80 亿元，预计 2023 年底建成，致力于打造出湾区新文旅体验胜地、最具魅力的“城市文化客厅”。

从地方来看，所有省市自治区和直辖市以及大部分重点旅游城市都拥有自己的国有文旅集团企业。以浙江省为例，除浙江省旅游集团外，宁波、温州、杭州等城市都有文旅集团企业。

浙江省旅游集团成立于 1999 年，在原省旅游总公司及省旅游局原下属企业的基础上组建而成。企业注册资本 15 亿元，有员工 6000 余人。旗下有浙江省现代旅游产业研究院、浙江外事旅游股份公司、浙旅蝶来酒店集团、浙江省中国旅行社集团、浙江省医疗健康集团、浙旅投资公司、浙旅湛景置业公司（旅游小镇发展公司）、浙旅盛景资本投资公司（旅游金融公司）等二、三级企业 64 家。拥有望湖宾馆、香格里拉饭店、浙江宾馆、萧山机场酒店、千岛湖温馨岛度假酒店、蝶来三舍、蝶来花半等酒店 45 家。负责管理规模为 20 亿元的浙江省古村落（传统村落）保护利用基金。

宁波市文化旅游投资集团有限公司前身为宁波市旅游投资发展有限公司，于 2015 年 4 月 28 日注册成立，2019 年 12 月 31 日改组成为市文旅集团，注册资本为 25 亿元。按照打造“大平台、大产业、大项目、大企业”的目标定位，宁波文旅集团重点布局文化旅游与体育产业运营、重大文旅体等产业基础设施与项目投资开发、酒店与物业经营管理、文化旅游服务与交通等四大业务板块，努力将集团培育成为国内一流国有上市企业和优质百亿国有领军企业。

温州市文化旅游发展集团注册资本 10 亿元。拥有旅游产业投资建设、品牌酒店运营管理、影业（文化）投资三大核心主营业务，下设温州名城资产营运有限公司、温州现代旅游投资有限公司（温州中亚企业有限公司）、温州华侨饭店有限公司、温州天都大酒店有限公司、温州影业运营有限公司（温州文化运营有限公司）、温州雁荡电影院线有限公司 6 家公司。

杭州市商贸旅游集团有限公司成立于 2012 年 8 月，由原杭州商业资产经营公司和杭州旅游集团两家国有全资企业联合组建而成，注册资本 9 亿元人民币。截至 2018 年末，集团公司总资产为 248 亿元，净资产为 113 亿元。集团下属 38 家全资和控参股子企业及单位，其中国有全资企业 16 家、控股企业 13 家、参股企业 9 家。集团有商贸流通、文化旅游、食品生产、公共服务、教育健康、金融投资六大产业板块，有商业零售、餐饮服务、宾馆酒店、旅游服务、食品加工、专业市场、物业经营、文化创意和安保服务等业态。

### （二）国有文旅集团影响力 TOP 10

基于文旅企业影响力的评价指标体系和 2020 年上半年最新数据，国有文旅企业影响力 TOP 10 的排序为：中国旅游集团有限公司、华侨城集团有限公司、北京首都旅游集团有限责任公司、山西省文化旅游投资控股集团有限公司、湖北省文化旅游投资集团有限公司、陕西旅游集团有限公司、河北旅游投资集团股份有限公司、浙江省旅游集团有限责任公司、天津市旅游（控股）集团有限公司、安徽省旅游集团有限责任公司（见图 10—1）。

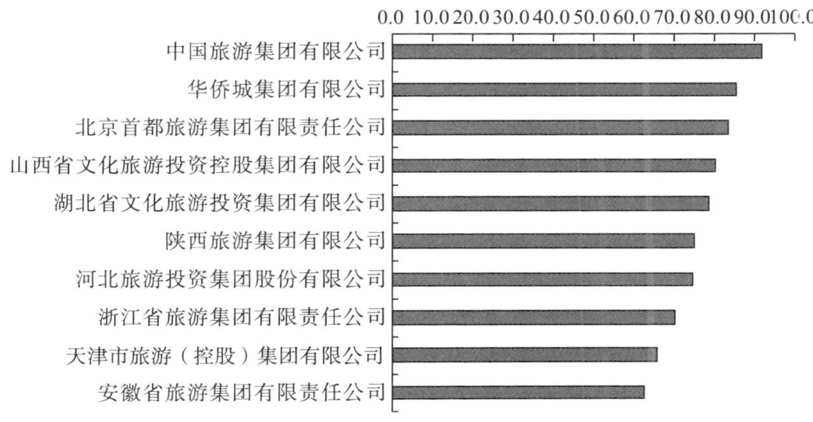


**图 10—1　国有文旅集团影响力 TOP 10**

## 二　民营文旅集团影响力指数

### （一）民营文旅集团影响力 TOP 10

基于文旅企业影响力的评价指标体系和 2020 年上半年最新数据，民营文旅企业影响力 TOP 10 的排序如图 10—2 所示。

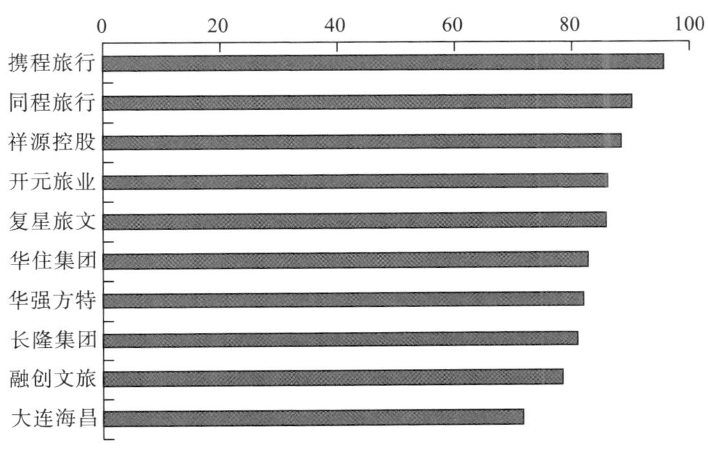


**图 10—2　民营文旅集团影响力 TOP 10**

### （二）案例：OTA 企业

在线旅游（OTA，全称为 Online Travel Agency），是指旅游消费者通过网络向旅游服务提供商预订旅游产品或服务，并通过网上支付或者线下付费，即各旅游主体可以通过网络进行产品营销或产品销售。随着用户群体从 PC 端向智能手持设备方面的大量转移，以及旅游用户预订习惯的转变，移动互联时代下的在线旅游市场极大改善了用户的消费体验之外，移动互联在 OTA 模式中占据了重要位置。

携程作为国内传统 OTA 的龙头企业，1999 年便开始了酒店预订与交通票务业务，丰富的行业经验使携程坐拥了最大的市场份额与资源。携程致力于打造一站式综合旅游服务平台，除了传统的交通票务与酒店预订业务外，携程还基于历史数据分析，为用户推荐能够随时筛选的附加服务，一方面为用户提供了更全面的服务，另一方面也降低了自身的综合获客成本。为了进一步深耕旅游行业，携程不断推动文旅行业的投资并购活动，覆盖旅行社、连锁酒店、OTA、航空公司等多个领域。在完成全产业链闭环的同时，通过交叉销售与引流，提高营业收入转换率，使携程整体毛利润率得以上升。2019 年，携程全年净营业收入为 357 亿元，同比增长 15%；全年经营利润同比增长 94%，达到 50 亿元人民币，高于过去 5 年经营利润的总和；核心 OTA 品牌的交易额（GMV）达到 8650 亿元，同比增长 19%，继续领跑全球在线旅游市场。

同程旅游也是中国领先的休闲旅游在线服务商和一站式旅游预订平台，创立于 2004 年，总部设在苏州，目前在全国近 200 个城市及海外多个国家设有服务网点。同程旅游的高速成长和创新的商业模式赢得了业界的广泛认可，2014 年获得腾讯、携程等机构逾 20 亿元人民币投资；2015 年 7 月，又获得万达、腾讯、中信资本等超过 60 亿元人民币的战略投资。同程和艺龙于 2017 年合并，背靠腾讯流量支持，把握APP时代风口，构建多元获客渠道，并通过品牌更新，瞄准年轻用户与低线市场。

美团和阿里飞猪进入旅游行业时间很短但发展迅速。美团成立于2010年，围绕生活服务类O2O的业务延伸，通过美团、大众点评、美团外卖、猫眼电影、美团跑腿等APP矩阵，在10年时间内成为国内本地生活服务电商重要入口。美团除了平台的数据能力与流量特性外，更突出的是其深耕本地消费，积累了大量忠诚的本地用户，已形成针对本地生活圈的流量优势和网络效应，能有效地与本地游资源结合。飞猪是阿里巴巴集团2014年成立的综合性旅游出行服务平台，提供机票、酒店、旅游线路等商品。在阿里系的内容、科技、流量全方位支持下，飞猪充当了资源优势输出的衔接桥梁。

### （三）案例：综合文旅集团

祥源控股集团有限责任公司始创于1992年，是一家以文化旅游投资运营为主导的大型企业集团，同时也是上市公司祥源文化（600576. SH）、交建股份（603815. SH）实际控制人。自2008年涉足文旅产业以来，逐步形成了文旅、地产、建设三大产业集群，通过资源整合、产业协同与专业运营，逐步打造了一批极具特色的旅游目的地。包括凤凰古城、武当山太极湖生态文化旅游区、齐云山生态旅游区、黄龙洞景区、湖北祥源湾国际度假区、安徽阜阳颍淮生态文化旅游区、安徽合肥祥源花世界生态文化旅游区、安徽合肥庐阳生态文化旅游区等项目。祥源控股在强调传统景区投资建设的同时，通过自主研发、收购、合作等多种方式，不断加大对文旅新产品和新业态的投入，并形成了一批具有自主知识产权的优质产品。祥源探险乐园、星球花园、自由家营地、汽车特技、《生养之地》实景演出、《大圣归来》动漫电影等一批新业态模式下的文旅产品正在逐步落地生根。

华强方特业务分为文化内容产品及服务和文化科技主题公园两大类，其中文化内容产品及服务包括特种电影、动漫产品、主题演艺、影视出品、文化衍生品，文化科技主题公园包括创意设计和文化科技主题公园旅游，形成了优势互补的全产业链。华强方特拥有“方特欢乐世界”“方特梦幻王国”“方特水上乐园”“方特东方神画”四个完全自主知识产权的主题乐园品牌，已在芜湖、泰安、株洲、青岛、沈阳、郑州、厦门等地投资建成10余个主题乐园，成为文化旅游支柱和特色品牌；并将文化科技主题公园输出到伊朗、乌克兰等国家。

## 三 文旅上市企业影响力

截至2020年3月19日，在A股上市的旅游类企业共计33家，总市值3470.72亿元，占当期A股总市值559575亿元的0.62%。

### （一）A股上市旅游企业市值TOP 10

从市值看，在A股上市的旅游类企业中，排在前10位的分别是中国国旅、华侨城A、宋城演艺、锦江酒店、首旅酒店、中青旅、凯撒旅业、黄山旅游、大连圣亚、众信旅游（见图10—3）。

中国国旅2019年营业收入为479.66亿元，同比增长2.04%；归母净利润46.29亿元，同比增长49.58%；扣非净利润为38.29亿元，同比增长21.79%。2020年6月18日，中国国旅将公司证券简称由“中国国旅”变更为“中国中免”。未来将全面聚焦免税行业。近年来，在国家积极引导和促进海外消费回流的政策背景下，通过并购、投标等方式积极拓展境内外大型免税渠道，大力推进资源的重组整合，着力提升免税业务核心能力。2019年，公司免税业务收入规模达到458.18亿元，占营业收入的比重为95.52%，免税主业日益凸显。

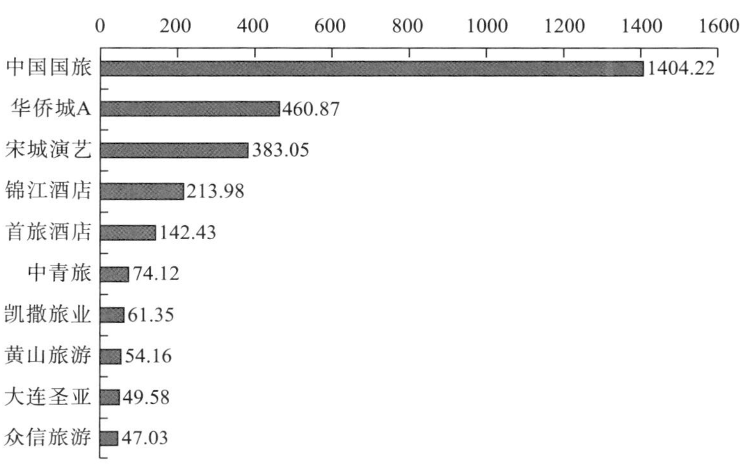


**图 10—3 A 股上市旅游企业市值 TOP 10**

### （二）A 股上市旅游企业传播力 TOP 10

从传播力来看，在 A 股上市的旅游类企业中，排在前 10 位的分别是华侨城 A、宋城演艺、黄山旅游、九华旅游、峨眉山 A、中国国旅、中青旅、首旅酒店、凯撒旅业、众信旅游（见图 10—4）。

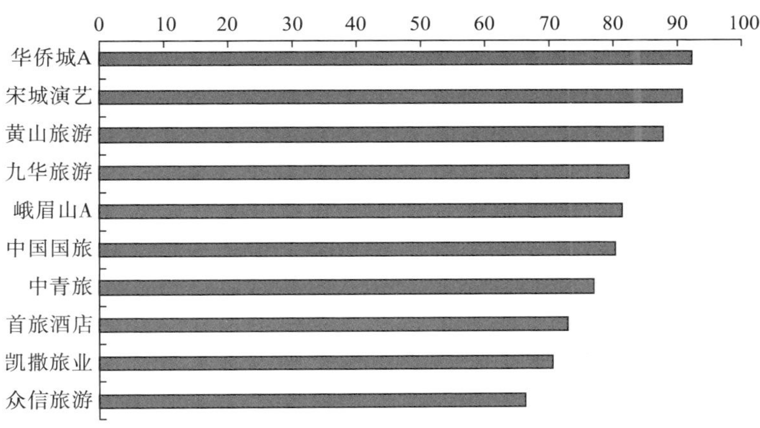


**图 10—4 A 股上市旅游企业传播力 TOP 10**

### （三）综合影响力

从综合影响力看，在 A 股上市的旅游类企业中，TOP 10 排序为华侨城 A、中国国旅、宋城演艺、中青旅、锦江酒店、首旅酒店、众信旅游、黄山旅游、凯撒旅业、大连圣亚（见图 10—5）。

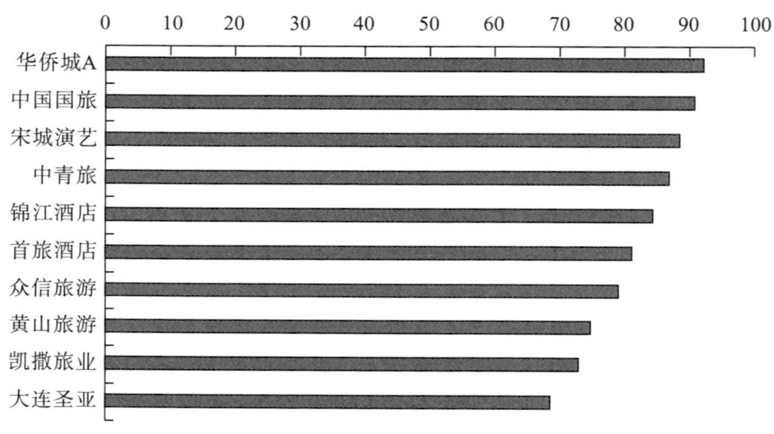


**图 10—5　A 股上市旅游企业综合影响力 TOP 10**

旅游业本身是一个产业集，关联产业多达上百个，无法脱离相关产业而独立发展，风险传导链长，风险关联系数高。旅游业经营业绩波动性明显大于其他产业，对资本来说就意味着旅游类资产属于风险系数较大的资产，必须要求相应的风险补偿。

旅游业是典型的以个性化、差异化、非标化为卖点的行业，尤其是当下旅游市场细分化趋势日益加深，定制化产品受到欢迎。而优质的、差异化的旅游产品打造时间长、难度大，如乌镇、古北水镇、拈花湾等旅游标杆项目，从动工到建成投入运营的年限均在 5 年以上，且产品个人风格色彩明显，高度依赖于核心人员的操盘水平，整个产品打造技术流程无法标准化，难以成规模地复制。加之很多旅游资产权属不清晰，没有具有法律效力的书面权利凭证，导致旅游资产难以通过证券化在资本市场募资，旅游投资退出难度大。

# 第十一章

# 乡村旅游影响力指数

乡村旅游以具有乡村性的自然和人文客体为旅游吸引物，依托农村区域的优美景观、自然环境、建筑和文化等资源，在传统农村休闲游和农业体验游的基础上，拓展开发会务度假、休闲娱乐等项目的新兴旅游方式。乡村旅游的快速发展，为农业、农村、农民带来了众多利好，加速了美丽乡村建设、农村面貌改变和农村群众致富。面对大众旅游时代的新特点、新形势，乡村旅游转型升级和供给侧结构性改革成了热点话题。

乡村旅游的游客群体以都市人为主，乡村与城市生活状态、生产方式、自然环境、风俗习惯的差异性构成了对都市人群的吸引力。作为连接城市和乡村的纽带，乡村旅游对推动乡村地区经济、社会、环境和文化的可持续发展具有重要意义。

随着城镇化推进、汽车普及、休闲时间增加、消费升级以及政策资本推动，乡村旅游已经从简单的农家乐发展成为一种追求乡村生活方式的潮流。加之契合了城市人群逃离都市、回归自然、休闲养生等方面的需求，“乡村旅游”热潮将持续很长时间，并成为中国旅游业的重要发展基础。

## 一　世界乡村旅游发展现状

乡村衰退是全球共同面临的挑战。过去很长时期，为了提高经济发展水平和生活标准，大部分国家都在进行城市扩张，世界各地的城市人口比例从1960年的33%上升到2016年的54%。中国城镇化水平提升也很快，城镇化率从2010年的36%左右，至2016年末已上升到57.4%。但随之而来的乡村衰落也不容忽视。在工业化、城市化进程中，农业很容易受到侵害。因此，许多国家都非常重视对农业的保护与支持。农村区域发展规划，能够促进城乡协调发展，缩小城乡发展差距。

### （一）日本

在日本的乡村建设中，最具特色的就是“一村一品”。日本的“一村一品”规划，与农产品的市场开发策略紧密结合，目的是通过提高农产品自身特色、地域特色、加工传统等附加价值来提升农村的经营效益。“一村一品”规划引起的巨大成功，引来世界其他国家和地区的竞相效仿。比如，美国路易斯安那州的“一州一品”运动，泰国在全国开展的“一村一品”的农村开发运动。

日本政府积极倡导和扶持绿色观光产业；法律法规和财政预算齐头并进，并科学制定绿色观光农业经济发展规划，同时重视民间组织的作用，并且适时对其进行财政支持。在绿色观光旅游产品开发中，日本注重环境保护和当地居民的主体性，尊重农村居民和地方特点，不过度关注经济利益。另外，日本不断拓展绿色观光农业的内涵，在观光农园、民俗农园和教育农园等方面进行创新。典型代表是日本的大王山葵农场，该农场以黑泽明的电影《梦》的拍摄地点而闻名，这种以农场为依托，以媒体传播为宣传手段也是乡村旅游发展的方向之一。

### （二）意大利

意大利首部乡村旅游地方立法出现于1973年。1985年意大利颁布了首个农业旅游法律框架。1998年法律完善，2006年进一步更新，明确了企业在农业旅游中的准则和性质。此外，意大利各大区还根据自己不同的情况制定了相应的政策。以左翼执政的翁布里亚大区（Umbria）为例，初期为了鼓励农民的积极性，农业旅游企业设施建设的40%费用由大区承担，乡村游企业主承担的60%还可享受优惠的贷款政策。

意大利现有12500多个乡村旅游设施，平均每1万人就有4个乡村旅游设施。提供约20万个床位的乡村旅游住宿，每年平均接待数百万的游客，其中1/4是外国游客，近几年的增长速度为20%左右。

意大利人喜爱“绿色农业旅游”，这与该国政府重视环保，发展生态农业不无关系。尤其是近几年，意大利的生态农业发展很快，生态农业耕地面积也在不断扩大。

### （三）法国

1955年，当时法国政府鉴于法国农村大量的具有传统风格的民居空置、损坏，开始启动了以繁荣农村小镇，克服农村空心化现象的“农村家庭式接待服务微型企业”计划。为了使农村民居适合于“家庭接待服务微型企业”的标准，法国政府提供经费的资助以促进维护与修缮。农民可以加入到国家的“欢迎你到农庄来”“农家长租房”和“农庄的餐饮与住宿”等几种协会型组织中。另外，法国政府每年组织一次为期两天的乡村旅游博览会，提供更多的相关信息。

法国乡村旅游经营的主体不是外来的投资商，而是本地“所有的农业开发者、乡村居民”，这是乡村旅游可持续发展的重要基础。乡村旅游如以外来的投资商为主，虽然旅游开发项目在短期内资金充足，政府投入较小，具有一定的管理水平，运营比较顺畅，但是对提高农民收入，保护生态环境以及繁荣农业意义较小。

法国乡村旅游一直在政府主导下发展，近年来，随着乡村旅游行业协会及其他民间组织的成立，行业自律行为也逐步产生作用，政府的管理职能弱化，而监管职能加强，各级地方政府继续执行直接监督检查的职责。

**（四）英国**

英国作为工业革命的发源地，其农村区域规划实行得也比较早。《城乡规划法》始于1947年，以这一法律为基础，他们给每个城镇与村庄划线，目的在于建立一个适合当时情况的统一规划体制，以便有效解决当时土地占用引发的矛盾和问题，并为更加合理的规划提供可能，也为地方政府执行规划以及通过购置土地落实规划提供财政支持。

英国不少农场主将农业生产活动展现给旅游者，展示剪羊毛和驯牧羊犬等，并允许参与，甚至有城市居民到乡村租种耕地。旅游者前往英国乡村进行动物家禽喂养、果实采摘、秋季收割、捕鱼生产等，体验英国乡村的田园风光和风土人情。

英国B&B小旅馆随处可见，特别是在乡村，另外饭店或客房旅馆也较多。B&B小旅馆是由当地人自己经营的，已成为英国的一大特色。英国乡村经常借助乡村展会等推出一些颇具特色的商品以满足游客的消费需求。这些商品有农场自产的农产品和农副产品等特产，也有手工编织的手工艺品和纪念品。多数游客偏好直接购买乡村现场加工的产品，旅游商品的销售收入是英国乡村旅游收入的重要来源之一。

英国的政府机构从发展战略层面对乡村旅游进行政策扶持，制定法律法规，不断完善乡村公共基础设施建设，给予必要的资金支持，制定相应的评价、监督、检查和评估标准，以促进英国生态农业的开展和乡村旅游的可持续发展。

### （五）韩国

20世纪60年代，韩国的城乡收入差距悬殊，农民生活水平低下。到70年代，韩国为促进乡村发展，发起了“新农村”建设运动，开发、实施了一系列项目。这些项目以政府支出、农民自主开发和项目带动为纽带，形成农民和当地政府共同参与新农村建设的局面。

韩国的“新农村运动”开始，国家将“工农业均衡发展”放在首要地位，采取农村开发战略和精神开发战略与公民运动相结合。在其推进阶段，对农民生活和生产条件进行改善，如加大对屋顶、厨房、厕所、水井的改造及架桥修路等基础设施建设等。与此同时，政府着力帮助农民增加收入，并在1974年实现了农民整体脱贫，城乡差距逐渐缩小。在该运动的加速建设阶段，政府通过计划、协调和服务，对其提供必要的资金、物资和技术支持，并加大调整农业结构和发展农村加工业的力度，使农民的生活环境和文化环境得以改善，农民的生活水平也得以大大提高，基本上接近城市居民的生活水准。在该运动全面发展阶段，政府致力于国家道德建设、社区教育、民主意识及法制教育，同时积极推动城乡流通业的发展，使城市繁荣发展逐步向农村扩散，最终达到城乡统筹发展的目的。

## 二　中国乡村旅游的发展历程

中国的乡村旅游从20世纪80年代中期开始起步。到现在为止，有30多年的历史。可以分为四个时期，即初创期（1984—1995年）、发展期（1996—2003年）、扩张期（2004—2014年）和升级期（2015年以后）（见表11—1）。

**表 11—1　　乡村旅游发展阶段**

| 发展阶段 | 时间 | 主要特征 |
| --- | --- | --- |
| 初创期 | 1984—1995 年 | 萌芽和摸索阶段，形式单一，以农家乐为主，范围有限。 |
| 发展期 | 1996—2003 年 | 乡村旅游形态多样化，如农业观光、古村落观光、乡村酒店等。 |
| 扩张期 | 2004—2014 年 | 从观光向度假过渡，出现民宿、汽车露营、高科技农庄等形式。 |
| 升级期 | 2015 年以后 | 乡村旅游进入品质化升级时代，旅游小镇、乡村旅游综合体成为新的重要形态。 |

### （一）初创期（1984—1995 年）

1984 年开业的珠海白藤湖农民度假村是中国第一个农民度假村，首创农业观光游、农业休闲游。此后，深圳举办国内第一届荔枝节，并开办采摘园，成为中国乡村旅游初创阶段的重要事件。这一时期的乡村旅游以农家乐为主要形式，即以“住农家屋、吃农家饭、干农家活、享农家乐”为内容的民俗风情旅游。农家乐最初发源于四川，后扩展到全国。首次以“农家乐”命名的乡村旅游始于 1987 年在成都郊区龙泉驿书房村举办的桃花节。这次桃花节把农事活动、乡村田园风光、乡土民俗文化、乡村民居和聚落文化与现代旅游度假、休闲娱乐相结合，形成了一种全新的旅游形式。

个体农户经营模式是最简单最初级的一种模式，它主要以农民为经营主体，农民自主经营，通过对自己经营的农牧果场进行改造和旅游项目的建设，使之成为一个完整意义的旅游景区（点），完成旅游接待和服务工作。其通常呈现规模小、功能单一、产品初级等特点。通过个体农庄的发展，吸纳附近闲散劳动力，将手工艺、表演、生产等形式加入到服务业中，形成以点带面的发展模式。农家乐成为农民了解市场的“窗口”，成为城市与乡村互动的桥梁，各地游客为农村带来了新思想和新观念。

### （二）发展期（1996—2003 年）

在这一时期，随着人们闲暇时间延长和收入的增加，短途旅游迎来迅速发展期。以乡村生活为主题的旅游项目开始增多，如采摘、捕鱼、垂钓等。1998 年，国家旅游局确定当年的旅游主题为“华夏城乡游”。乡村旅游在全国范围内广泛发展起来。2001 年国家旅游局把推进工业旅游、农业旅游列为本年的工作重点，在全国推行农业旅游示范点。

在这一时期，政府是乡村旅游发展的主导力量，乡村旅游也从农家乐向农业观光和产业化方向发展。四川成都的“五朵金花”是这一时期的典型案例。

2003 年，成都市在三圣乡举办“中国成都首届花博会”之际，集中财力，借势造势，将花博会周边的几个村庄在原来经营花卉的基础上，由政府统一规划，因地制宜，错位发展，在 12 平方公里的土地上，分别打造了以“花香农居”“幸福梅林”“江家菜地”“东篱菊园”“荷塘月色”命名的观光休闲农业区，人称“五朵金花”。它将农村旅游与农业观光休闲、古镇旅游、节庆活动有机地结合起来，形成了以农家乐、乡村酒店、国家农业旅游示范区、旅游古镇等为主体的农村旅游发展业态。

但这种以农户家庭为单位的农家乐，受开发理念、资金及竞争等因素的限制和影响，往往过于关注短期的经济利益，产品类型粗犷、简单且品质较低。容易复制导致同质化严重，最终形成“千村一面”的困局。

古村落文化旅游开发成为这一时期乡村旅游的重要形式。1997 年，中坤投资集团开始对安徽省黄山市黟县进行整体旅游开发，取得了宏村、南屏村、关麓村等古村落 30 年的独家经营权，与黟县政府一起对宏村进行抢救性保护和古建筑修复。2000 年，成功将宏村申报成为安徽省第二个世界文化遗产。

### （三）扩张期（2004—2014 年）

2006 年国家旅游局确定该年度宣传主题为“2006 中国乡村

游”，提出了“新农村、新旅游、新体验、新风尚”的发展口号。2007 年，国家旅游局确定当年的主题为“中国和谐城乡游”，进一步把丰富、深化和延展乡村旅游作为旅游行业的主要工作。2017 年 3 月，国家旅游局联合农业部下发《国家旅游局农业部关于大力推进全国乡村旅游发展的通知》，协调全国乡村旅游工作的开展。与此同时，国务院在《关于促进休闲农业和乡村旅游发展的意见》中提出四大任务，要求：提升农家乐经营服务水平、拓展休闲观光园区功能质量、挖掘民俗文化型特色村寨旅游潜力，以及逐步推进旅游型小型城镇建设。

与此同时，经济的快速发展及城市化进程的加快，带来了交通拥堵、居住环境恶化、竞争压力加大，以及食品安全、大气污染等一系列关乎生活安全的问题，让久居城市的人们开始向往乡村良好的居住环境。在这样的社会背景下，以精品民宿为代表的乡村旅游产品在各地悄然兴起。这类产品的开发融入了更多的城市生活元素和城市人对乡村生活方式的理解，也吸引了很多中产阶层和高收入人群开始成为乡村旅游的主流消费人群。

2013 年，中央城镇化工作会议公报对乡村旅游提出了新的发展要求——“让城市融入大自然，让居民望得见山、看得见水、记得住乡愁”。这为旅游业定下了基调，即让城市融入大自然。与此同时，中央扶贫工作会议强调实施贫困村“一村一品”产业推进行动。乡村旅游开始成为促进城乡融合发展、农村精准扶贫、农民脱贫致富的最重要途径之一。以上这些，都是推动乡村旅游快速扩张的重要因素。

### （四）升级期（2015 年以后）

调查和统计结果显示，截至 2015 年底，全国有 10 万个村开展休闲农业与乡村旅游活动，参与农户和经营单位达 200 万家。乡村旅游人数已占到全国游客总量的 1/3。全国城市居民周末休闲和节假日出游，70%以上选择周边的乡村旅游点，全国主要城市周边的乡村旅游接待人数年均增长高于20%。乡村旅游成为旅游业、新型城镇化建设及扶贫事业的主体，以及人们新的生活方式。

乡村旅游不再仅仅是“农村旅游”和“农业旅游”，而是成为与城市相对应的一个空间概念，逐渐形成一个新的大产业。包括乡村旅游观光、乡村休闲度假、乡村旅居养老、运动娱乐等，有望发展成万亿级产业。

乡村旅游较之景区、主题公园的开发投资少、门槛低，很容易一拥而上，加之各地政府行政推动，大量仓促上马的项目往往盲目跟风复制，存在缺少创新、形式内容趋于雷同、千篇一律的问题。我国的乡村旅游正在从休闲度假、同质开发向差异发展，从单体经营向集群布局转变。选择乡村旅游，不是为了旅游消费低廉，而是出于精神文化的需要，是一种高层次旅游行为。在这种大背景下，乡村旅游的品质也需要不断提升。

## 三　乡村旅游影响力指数

### （一）乡村旅游的类型

1. 观光型

以绿色景观和田园风光为主题的观光型乡村旅游。包括“高科技农场”“观光农园”以及观光果园、茶园、花园、休闲渔场、农业教育园、农业科普示范园等依托农业产业化项目形成的景观，为游客提供以观光旅游为主兼带吃、购、住等方面的服务。

2. 休闲型

主要分布在具有良好交通条件的城市或城镇周边的乡村，以“农家乐”为代表，多以一家一户为经营主体。近年来，越来越多的地方开始整村开发或相关线路共同开发。依托乡间风光、乡土人情和风味特餐，从吃、游等方面满足人们周末休闲的需求，以提供特色餐饮、简单娱乐服务为主。从客源看，主要面向城市或城镇居民，客源回头率较高，停留时间不长，市场稳定。

3. 度假型

这种类型主要分布在大中城市旅游黄金半径之内的乡村地区；从功能看，依托山水自然风光，利用民宿或建造乡间酒店，提供综合服务；一些以康体疗养为主题的康乐型乡村旅游也属于这种类型。从客源看，主要面向都市高收入群体，市场稳定。

4. 民俗型

以民俗文化、民族文化及乡土文化为主题的乡村旅游。主要分布在资源独特的古镇、少数民族地区。以山水风光、人文风情和民俗民族文化为依托，让游客充分享受民族民俗风味，体验民族民俗风情。从客源看，外来一次性游客较多。

5. 古村型

依托古村落中遗存的历史古建筑和名人故居，开发博物馆、纪念馆、陈列馆等人文景点，或者依托古村落周边的山水资源和自然景观，开发自然景观型旅游景点，再配套必要的基础设施和服务设施，成为收费式的古村旅游景区，是中国古村落旅游开发的主要形式。

6. 景区配套型

主要集中在成熟的大型景区景点周边的乡村地区。以景观资源为依托，为景区提供吃、住、娱等配套功能，为游客提供具有当地特色的服务。从客源看，主要是景区的一次性游客，范围较广，停留时间短，市场随景区而定。

7. 综合型

近年来，出现了越来越多整村开发的乡村旅游综合体。以乡村旅游资源与土地为基础，以乡村旅游休闲为主体，以休闲商业为配套，以高品质服务为保障，对项目地进行综合开发，把乡村打造成乡村旅游综合体，从而满足政府、企业、居民、乡村旅游者等多方的需求。

### （二）乡村旅游发展指数

1. 产业发展水平

主要评价指标包括乡村旅游对产业的贡献度与就业贡献度。此外还有农业产值、三产融合、扶贫兴农、产业链集群、农业品牌、绿色农业、乡土特色等指标。

2. 旅游设施

可接待游客床位数与餐位数；乡村旅游特色产品，如休闲体验类和生态观光类旅游产品的比例；旅游厕所厕位数与停车位数。

3. 宜居宜游

由城乡融合、休闲旅游、业态融合、基础设施、居住条件、公共配套、新型服务等指标构成。在县域内统筹考虑城乡产业发展，合理规划乡村产业布局，形成县城、中心镇（乡）、中心村层级分工明显、功能有机衔接的格局。

4. 乡村活力

由就业环境文化体验、非遗传承、传播热度、生活品质等指标构成。保证人才就业有收入，公共服务跟得上，工商资本进入农业农村，做好人才发展规划，给予充分的发挥空间。

5. 政策机制

由政策体制、利益联结、财政投入、用地保障、人才管理、服务指导等指标构成。乡村旅游同景区、酒店、旅行社等传统旅游行业企业相比，利益相关方更为复杂多样，加之缺乏市场经济传统，在项目建设、经营、日常管理和利益分割过程中，很容易产生纠纷与对立。乡村旅游发展需要处理的利益关系包括：本地村民间的利益关系，本地村民与外来经营者的关系，村民、本地或外来经营者与村干部和当地政府的利益关系。除了利益关系，还有发展理念、价值观的调和等。构建“政府—投资者—当地居民组织”的三方协商机制与利益分配机制是乡村旅游发展的一个重要课题。

### （三）县区乡村旅游影响力 TOP 10

根据乡村旅游影响力评价指标，和 2019 年度的数据，乡村旅游县区影响力 TOP 10 的排序如图 11—1。

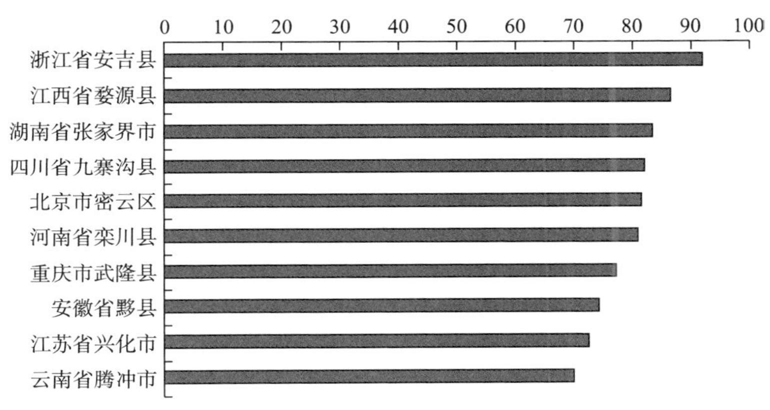


**图 11—1　县区乡村旅游影响力 TOP 10**

江西省婺源县生态环境优美，文化底蕴深厚，旅游资源丰富，具有独特的徽建古村以及良好的区位优势。以“村”兴旅、打造“乡村度假”精准定位，婺源始终把发展乡村旅游作为核心，一业兴带动了百业旺。尤其近年来民宿产业发展方兴未艾，从 2011 年引进外地资本开发的首家古宅民宿“九思堂”开始，发展到现在投资 500 万元以上的古宅民宿有 90 多家，百幢以上的民宿集群有 2 处。

婺源积极推进老景区从观光型向度假型转变，如李坑景区，现拥有农家乐床位 6000 余张，成为名副其实的度假小镇。打造了梦里老家演艺小镇、婺女洲徽艺小镇、水墨上河文化小镇、丛溪度假小镇一批各具特色的度假小镇、度假新产品、新业态，形成了一批旅游度假产业集群。

1. 民宿产业满足多样化需求

在实施“旅游 + 民宿”发展战略中，婺源按照“高端民宿精品化、中端民宿多元化、低端民宿规范化”的原则，全域化开发乡村民宿，避免“单一流俗、千篇一律”的同质化发展。重点发展中低端民宿，形成高、中、低端民宿协调发展的格局，房价从 300 元到数千元不等，全县民宿产业发展遍地开花、亮点纷呈。同时，制定民宿标准，出台扶持政策，县财政设立 2000 万元专项资金，支持鼓励民宿产业发展。如今，全县 100 余家精品民宿和 500 多家以农家乐形态为主的大众民宿已经形成巨大的产业集群效应，补齐了淡季旅游短板，撑起了婺源旅游经济新亮点。

2. 体育事业撬动乡村经济

在实施“旅游 + 体育”发展战略中，婺源以门球运动项目为龙头，争取承接各级各类门球赛事活动，以此“做热”淡季旅游经济。同时，婺源积极承办国际马拉松赛、全国气排球邀请赛、金秋红叶古驿道徒步大赛、全国地掷球赛、全国登山比赛、环鄱阳湖国际自行车赛等一系列重大体育赛事，获评全省首个“全民健身示范县”。2017 年，婺源举办第二届国际马拉松赛、环秀水湖国际越野赛、全国气排球邀请赛、逍遥峰山地自行车越野挑战赛等一系列重大体育赛事，珍珠山乡入选全国首批运动休闲特色小镇。通过体育赛事，间接带动旅游超过 100 万人次，间接带动旅游综合收入超过 7 亿元。

3. 健康养生旅游前景广阔

婺源地处亚热带季风湿润气候地区，雨量充沛，土质肥沃，中药资源丰富，盛产天然中草药 300 多种；婺源中医药发展基础良好，中医药文化底蕴深厚，是中医药史上著名学派“新安医学”的发源地之一。2018 年 3 月，婺源文化与生态旅游区入选首批国家中医药健康旅游示范基地创建单位。下一步，婺源以创建首批国家中医药健康旅游示范基地为契机，将谋划茗坦温泉整体开发、瑶湾生态养生度假庄园、翼天文化旅游城康体疗养、婺源养老公寓等“旅游＋养生”项目，建设富有婺源特色的国家中医药健康旅游示范基地，使之成为举世向往的“养老天堂”。

**（四）村镇乡村旅游影响力 TOP 10**

根据乡村旅游影响力评价指标，和 2019 年度的数据，村镇乡村旅游影响力 TOP 10 的排序如图 11—2。

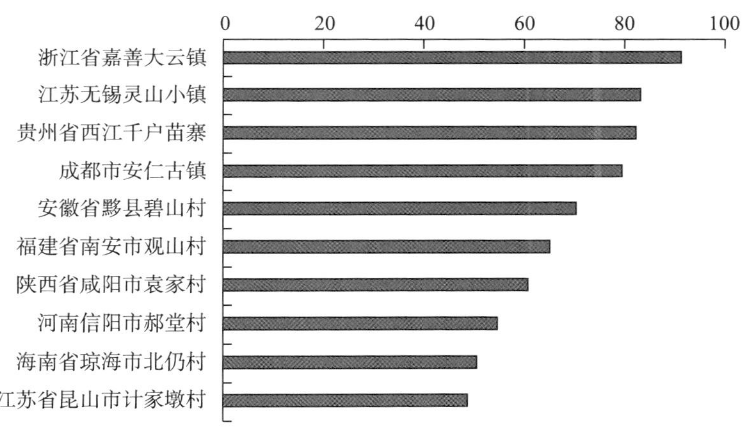


**图 11—2　村镇乡村旅游影响力 TOP 10**

浙江是中国特色小镇旅游发展模式的首创者，其先进理念后来被借鉴、推广到全国。作为浙江首批特色小镇创建单位之一，嘉善大云在旅游开发中，始终坚持基于特色生态、特色产业发展旅游业。围绕中国鲜切花之乡、歌斐颂巧克力工厂、优质天然温泉等产业或资源优势，积极推进与旅游业融合，形成区别于周边古镇水乡、乡村度假体等独特的开发模式。

“大云”古称蓉溪、净云，因北宋乾德二年（964 年）建造江南名刹“大云寺”而得名。嘉善大云生态旅游区是浙江省省级旅游区，由生态农业园区、生态度假区、十里水乡区、大云寺苑“三区一苑”组成。规划以“提升环境质量，倡导绿色消费”为设计理念，以乡村生态环境为依托，以“绿色消费”为载体，以水乡、田园休闲旅游为中心，是融观光、休闲、娱乐、度假为一体的旅游小镇。嘉善大云生态旅游区规划面积12.79平方公里，以“温泉、水乡、花海、农庄、婚庆、巧克力”为特色，现有十里水乡、碧云花海农场、云澜湾温泉小镇、斯麦乐巧克力乐园、拳王休闲农庄等景点，也是目前中国最大最浪漫的婚庆蜜月地。

# 第十二章

# 黄河旅游影响力指数

被誉为中华民族母亲河的黄河从青海省发源，流经青海、四川、甘肃、宁夏、内蒙古、陕西、山西、河南及山东9个省区，成为中华民族与中华文化最主要的发祥地，也是我国旅游文化资源最富集的旅游区。2017年，国家在“十三五”旅游业发展规划中提出打造“黄河华夏文明旅游带”，为具有世界性特色大河流域的黄河旅游打开了新局面。近年来沿黄河区域携手推动黄河沿线旅游合作，采取多种措施共同打造黄河金岸旅游项目和黄河旅游系列产品，黄河旅游和黄河文化得到了全面推广。

自2016年开启中国黄河旅游带建设合作以来，2017年首次召开中国黄河旅游大会、建立了沿黄城市旅游产业联盟、举办了黄河旅游美景展，万里黄河沿线牵手合作，共同展现全域旅游好风光，黄河沿线的旅游合作全面进入新的发展阶段。2018年9月，第二届中国黄河旅游大会以“同饮黄河水·共铸黄河游”为主题，在黄河上游青海省海南藏族自治州贵德县举行，首度发布《中国黄河旅游发展指数报告》，揭晓“中国黄河50景”评选结果。来自沿黄河九省区旅游业界代表会聚黄河源头青海，开启黄河旅游新一轮合作，达成沿黄旅游城市互送客源合作协议，并联合发出《中国黄河旅游大会（贵德）宣言》。

与此同时，中国黄河旅游也受到了海内外媒体和广大旅游者的关注，各大媒体纷纷报道转载黄河旅游的发展成果，黄河旅游的热度也在不断提升。但由于黄河旅游沿线地区大多处在交通不便、经济不发达的区域，旅游的软硬件条件与发达地区都还存在很大差距，营销传播水平也存在很大差异。

黄河旅游发展指数是对黄河流域各个旅游目的地、旅游企业旅游综合实力与质量的全面评价。评价指标主要由两部分构成：第一部分是竞争力指标，包括：旅游资源和旅游管理评价指标；第二部分是旅游品牌力，包括传播影响力和口碑人气评价指标。两部分指标各占 50 分。

## 一　沿黄流域省域影响力比较

沿黄河流域涉及青海、四川、甘肃、宁夏、内蒙古、陕西、山西、河南、山东等九个地区，黄河旅游正在成为各地旅游业转型升级、培育新业态的重要因素。

通过对黄河旅游的资源、旅游政策和管理、全域旅游的环境、旅游线路产品的丰富性、旅游市场秩序、旅游传播与口碑等综合评价的结果，黄河流域 9 省区的黄河旅游影响力指数排序如图 12—1 所示。

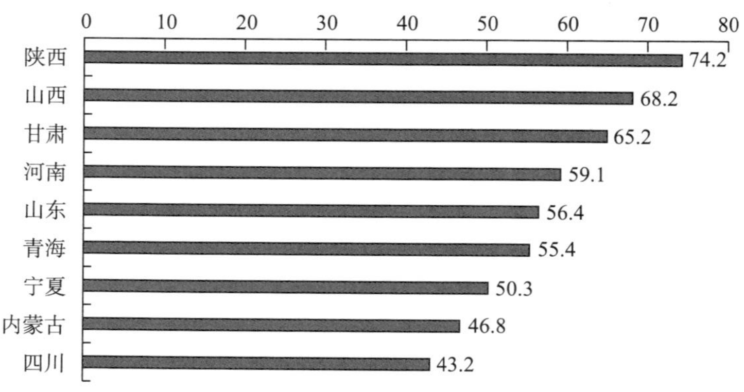


**图 12—1　沿黄流域省域影响力指数**

由于各地对黄河旅游带的重视及参与度的差异，黄河旅游在沿黄各省域内的发展成果、传播影响力、品牌知名度等方面存在着较大的差距。整体来看，陕西、山西、甘肃、河南等地区的黄河旅游发展指数较高，内蒙古、四川等地区相对较低。

### （一）陕西省

陕西省政府发布了《陕西省沿黄生态城镇带规划（2015—2030）》并提出，要将陕西沿黄地区总体定位为黄河中游生态文明示范区、黄河文化旅游特色发展区、新型城镇化特色试验区、秦晋区域合作示范区。2017 年 8 月，北起陕西榆林府谷县，南至陕西渭南华山，纵贯陕西沿黄河区域南北，全长 828.5 公里的交通干线——沿黄公路建成通车。沿黄公路打通了渭南、韩城、延安、榆林沿黄景点脉络，让陕西沿黄旅游带形成了一个畅通的整体。

陕西省还出台了《陕西黄河旅游带建设工作方案》，统筹规划该省黄河沿线 4 市 12 县旅游文化建设，并明确将黄河旅游带作为陕西着力打造的“四大旅游高地”之一，支撑陕西打造国际一流的文化旅游中心。“四大旅游高地”将构成陕西旅游新时期全业态优质发展的竞争力支撑。不仅如此，陕西省还积极推动各省区联合宣传推广、互动促销，促进沿线旅游推广，充分利用各地优势资源，整合沿黄九省旅游景区资源，形成沿途特色线路产品。

### （二）山西省

流经山西省的黄河全长约 1008 公里，山西省规划建设的黄河一号国家旅游专用公路全长约 1225 公里，北起忻州万家寨，南至运城西。该专用公路将打造成集母亲黄河、龙腾黄河、多彩黄河和生态黄河于一身的国家一级风景道，国内外知名的黄河文化观光、休闲廊道，串联景区和多种活动的特色线路旅游综合体。同时，山西省计划通过构建“西口文化与黄河古堡休闲片区、黄河峡谷与红色文化旅游片区、吕梁山生态康养休闲度假片区、黄河湿地和古中国文化休闲片区”四大功能片区，到2020年使黄河板块的游客数量达到1.5亿人次。

2018年，山西省成立黄河、长城、太行三大旅游板块推进工作领导小组，领导统筹推进全省三大旅游板块工作，并制定了《山西省黄河、长城、太行三大板块旅游发展总体规划》，全力塑造黄河、长城、太行三大旅游新品牌。其中，《山西省黄河板块旅游发展总体规划》主体区包括4个市的19县，关联区涉及6个市的30县。规划开发十类新业态，建设两大龙头项目、十大重点项目、十大特色项目、55个县级重点项目。

### （三）甘肃省

黄河从青海流入甘肃，流经甘南藏族自治州、临夏回族自治州、兰州市和白银市四个市州，给四市州留下了丰富的旅游资源和璀璨的文化遗产。甘肃省把黄河旅游产品作为省重点培育和发展的王牌旅游线路产品，重视与相邻沿黄省区的协作，进行资源互补，统一包装，共同塑造黄河旅游品牌，打造具有市场竞争力的精品线路。

兰州市、白银市、甘南州、临夏州四市州政府共同发起成立了“甘肃省沿黄四市州旅游发展联盟”并签署了《沿黄四市州旅游发展战略合作框架协议》。沿黄四市州将完成统一的《自驾游地图》、《旅游攻略》、《旅游宣传推介片》、《旅游交通示意图》、宣传折页等旅游宣传品的编印、发行工作。这是一项促进甘肃黄河旅游发展的重要举措，有效地推进了省内区域联动发展，打造沿黄旅游区域增长极，助推经济社会高质量发展。

### （四）河南省

河南省地处黄河下游流域、中原腹地，是黄河文明的重要发源地。黄河流经河南700多公里，自然风光独特，有三门峡自然古朴的“天鹅湖”、济源黄河小浪底高峡出平湖的壮丽，都成为河南地区黄河旅游发展的天然优势。如今以开封、郑州、三门峡等主要城市为依托的中原大黄河游，已成为沿黄旅游线上的热点，吸引着越来越多的海内外旅游者。借助中国黄河旅游市场推广联盟，河南与沿黄省区加强合作，把大黄河游联合打造成为精品线路推向国际旅游市场。

### （五）山东省

山东省发挥“黄河入海”独特优势，把“黄河入海”打造成集观光、休闲、体验于一身和涵盖历史、人文、兵学、商学特色的国内著名文化旅游目的地品牌。（1）通过十大文化旅游目的地品牌建设，不断提高“黄河入海”旅游知名度和品牌影响力；（2）深入挖掘饮食、农耕、历史等黄河文化资源，推出一批在全省叫得响的节事文化品牌；（3）利用网络平台和户外广告，推介黄河滩区旅游资源和产品，打造二日游、三日游精品线路，让“黄河入海”品牌知名度越来越响亮。

在山东省内，各区域内也充分利用黄河旅游大发展的历史机遇，规划了区域内的黄河旅游发展目标。山东临清凭借黄河故道地质森林公园发展旅游；山东滨州全力打造黄河风情省级旅游度假区；济南大力发展黄河滩区旅游产业，打造“黄河生态文化观光走廊”；山东省东营市全力打造黄河入海文化旅游目的地等，沿黄各地通过组织保障、规划编制、项目指导、资金扶持、人才支援等，大力发展黄河旅游，让黄河旅游成为各地旅游经济发展的主要抓手。

### （六）青海省

青海省重视发掘深层次黄河文化内涵，围绕青海省贵德县和循化县境内独特的清清黄河旅游资源，先后在该省贵德县深入打造“天下黄河贵德清”（贵德清清黄河）旅游品牌，致力于打造精品黄河旅游产品，塑造大美青海黄河旅游品牌。已经举办了 14 届黄河文化旅游节，并承办了中国黄河旅游发展大会，还隆重组织了中国黄河旅游媒体采风行活动，与沿黄区域内的地区形成了良性的互动与密切的合作，充分发挥了区域内的资源优势，盘活了当地的旅游经济。根据年度黄河旅游发展指数，青海省黄河旅游的发展规划、政策落实、建设成果等都取得了较为瞩目的成绩。

### （七）宁夏回族自治区

以打造西部独具特色的国际旅游目的地为目标，围绕黄河旅游带的战略部署，整合全区黄河旅游资源，打造出一系列富于地方特色的黄河旅游产品，得到了市场的普遍认可。2019 中国宁夏（沙坡头）第十届丝绸之路大漠黄河国际旅游节成功举办，本届旅游节由宁夏回族自治区文化和旅游厅、中卫市人民政府主办，以沙坡头旅游资源为依托，以打造丝绸之路经济带战略支点为契机，通过举办黄河羊皮筏子竞演、寺口攀岩大赛、沙漠星空帐篷节、文创旅游商品暨中卫文化旅游形象 LOGO 征集大赛等 7 项主题活动，向游客全方位展现以大漠、黄河、湿地为代表的宁夏特色旅游资源魅力，开启全域旅游发展新局面。

当前，宁夏沿黄带旅游接待水平显著提升，游客逐年增加，成为引领宁夏旅游业发展名副其实的龙头和带动旅游经济发展的引擎。其中，吴忠区域内的沿黄旅游带成为宁夏黄河近岸景观最集中、民俗风情景观最独特、生态旅居环境最优越的地区之一。

### （八）内蒙古自治区

黄河在内蒙古境内以“几”字形大弯与万里长城合围，上游靠北为著名的河套平原，下游属于黄土低山丘陵区，地势峻险，有著名的黄河大峡谷，又有众多湿地，如河套黄河湿地景区、包头黄河湿地公园等。独特的旅游资源备受各地游客青睐。早在 2013 年，内蒙古就成功举办了“黄河九省区餐饮文化交流活动”。目前内蒙古黄河流域主题旅游产品体系已初步形成。内蒙古正积极贯彻国家旅游局发展黄河旅游带的战略部署，参与九省区黄河联盟各项宣传推广活动，并进行产品研发建设。

### （九）四川省

四川省积极做好黄河旅游资源的有效开发，不断完善旅游基础设施，提升“九曲黄河第一湾”品牌的知名度和美誉度，并充分利用各种媒介积极推广“九曲黄河第一湾”品牌，将“九曲黄河第一湾”打造成中国黄河旅游品牌中一颗闪亮的明珠，成为四川旅游的又一优势品牌。

## 二　沿黄流域城市影响力比较

黄河流经九省区中，沿线大中小型城市超过 60 个。监测结果显示，沿黄河的旅游城市渭南、韩城、延安、海南州、贵德传播热度整体较高。综合计算各地的传播与发展指数，延安、兰州等城市的城市影响力指数位列前两位。渭南作为首届中国黄河旅游大会的主办城市，也是沿黄城市旅游产业联盟秘书处常设机构总部所在城市，其传播指数最高，城市影响力指数位于第四位（见图 12—2）。

### （一）延安市

延安市构筑红色文化游、黄帝文化游、黄河文化游、黄土风情文化游和绿色生态游五大文化旅游板块，推动延安旅游转型升级。宜川县是延安市大力发展黄河旅游的一个缩影。近年来，该县先后成功举办了以“旅游＋果业”代表的“游壶口送‘苹’安”活动、

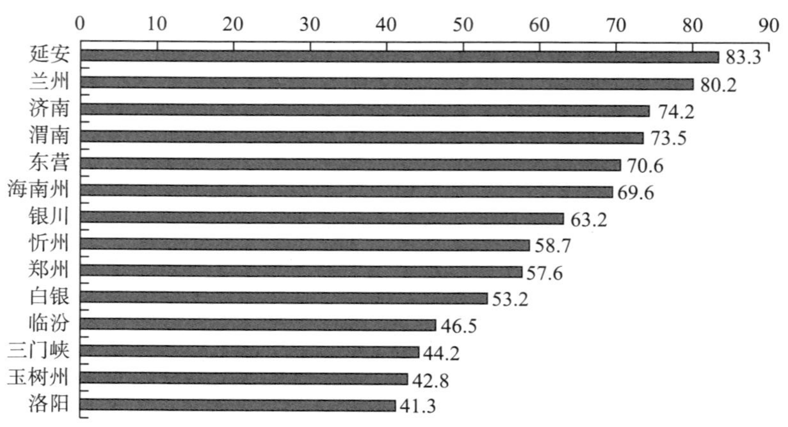


**图 12—2　沿黄流域城市影响力指数**

以“旅游 + 教育”为代表的“老外看壶口，共植友谊林”活动、以“旅游 + 文化”为代表的“延安过大年，宜川绽华彩”以及庆“七一”千人黄河大合唱、乡村晚会等文化旅游活动，让游客来了不想走，走了还想来，助推宜川旅游发展迈上新高点。

伴随全域旅游示范市创建工作的深入开展，各类旅游新产品、新线路和新业态在延安相继出现，丰富着旅游市场和游客体验。圣地延安就像一块磁石，吸引了大量海内外游客。2018 年，全市累计接待游客 6343.98 万人次，同比增长 25.4%；实现旅游综合收入 410.7 亿元，同比增长 37.5%。

### （二）兰州市

独特的地理位置和悠久的历史传承，塑造了兰州浓厚的地域风情和多元的文化品格。兰州先后被评为全国优秀旅游城市、十佳避暑旅游城市、旅游品牌魅力城市和中国文化旅游名城。近年来兰州以“都会城市、精致兰州”为发展定位，深入挖掘文化旅游资源和传统文化潜力，塑造地方文化旅游特色，在实现旅游强市、旅游兴市的同时，全面加强与丝绸之路沿线国家和地区的合作交流，积极推进全域旅游，大力开拓旅游市场，精心培育城市品牌，丝绸之路经济带核心节点城市地位日趋凸显，“千里之游，始于兰州”的知名度和美誉度不断提升。

兰州黄河文化旅游节已经成为兰州市代表性旅游节事活动，已经成为黄河沿线各兄弟省区、各城市文化旅游交流合作的重要平台。通过深入探讨研究、相互借鉴，有效促进沿黄流域省市的交流互动，深化区域经济、文化、社会合作，推进兰西城市群更好更快建设，创造黄河文化新的辉煌。“做好黄河文章，打造精致兰州”已经成为提出提升兰州文化旅游产业发展的新理念、新思维、新路径，为推动兰州文化旅游产业发展提供了强有力的支撑。

### （三）济南市

黄河贯穿济南西北部，在济南境内全长约 183 公里，两岸分布着鹊山、华山、黄河第九湾、玉符河湿地、泺口百年铁路桥等自然景观和历史文化资源，蕴藏着深厚的历史底蕴、独特的生态环境和重要的发展机遇。近年来，济南充分利用黄河文化资源，将黄河打造成“城中河”和“景观河”，加快新旧动能先行区建设，进一步彰显“母亲河”的文化魅力，推动济南实现高质量发展。济南的文旅发展正由“大明湖时代”迈向“黄河时代”。

按照绿色发展、项目引领、产业融合的原则，以黄河滩区自然资源及其生态大环境为基础，济南市旅发委编制并完善了《黄河滩区居民迁建旅游专项规划》，确定了全市黄河滩区居民迁建区县重点旅游项目，明确了发展目标、工作措施，积极引导黄河滩区有序发展有特色、高品质的乡村旅游。按照打造“黄河生态文化观光走廊”发展方向，市旅发委重点突出旅游主导项目建设，注重大型项目示范带动作用，促进黄河滩区乡村旅游普遍发展，增强滩区经济发展动力和后劲。

### （四）渭南市

作为人文历史厚重、山水资源独特的旅游城市，多年来却面临华山“一枝独秀”、城市知名度不高、旅游产业规模较小、旅游业态发展相对滞后等问题。为此，渭南市委、市政府高端发力，党政主导，提出建设华夏山水文化旅游目的地的大战略，计划用5—10年时间，构建“一核一心四带十区”产业发展新格局。其中，“黄河风情旅游带”以潼关县、华阴市、大荔县、合阳县、韩城市为主体，开发以黄河精神为主题，以古关古渡、诗经沙苑文化为呼应的黄河华夏文明旅游带。

位于黄河岸边的韩城，拥有龙门、澽水河、司马迁祠等黄河代表景观。韩城旅游近两年逐渐发力，以先进项目建设为突破口，先后成立了55家国有公司，实现了融资方式多元化，全面打造“史记韩城·黄河特区”的城市品牌形象。

### （五）东营市

2018年，东营确立了“全力打造山东高质量发展的增长极，黄河入海文化旅游目的地，建设富有活力的现代化湿地城市”的目标定位。近年来，东营市高度重视沿黄旅游资源开发工作，以省级“黄河入海”文化旅游目的地品牌为引领，以创建全域旅游示范市为抓手，不断整合旅游资源要素，丰富沿黄旅游产品体系，持续扩大黄河入海品牌影响力，打造黄河三角洲知名旅游目的地城市。

按照全域化的新理念，东营市沿黄游憩带开发形成了龙居黄河森林旅游区、天宁寺文化旅游区、黄河口生态旅游区等核心景区景观，培育了黄河生态文化、沿黄乡村民俗、百里中轴生态文化度假等精品旅游线路，辐射带动龙居林海小镇、胜坨佛教小镇等五个特色全域旅游示范镇建设，逐步构建起“一带、两区、三线、五镇”的全域旅游发展布局，成为全市旅游业发展的新磁极。

不仅如此，东营市还实施“旅游+”融合工程，推动沿黄旅游产品供给。持续打造“黄河入海”文化旅游目的地品牌。发挥节会活动的品牌效应和辐射效应，支持沿黄县区、镇街、重点景区等举办一批文化内涵丰富、参与性强的旅游节事活动，构建“黄河入海”文化旅游目的地品牌体系下的节会活动体系。

### （六）临汾市

2019年临汾市政府工作报告中明确了全力打造黄河、根祖、太行三大旅游板块，叫响“中国根　黄河魂”旅游品牌的新发展之路。临汾市围绕优化提升“中线根祖文化游、东线太行山水游、西线黄河风情游”3条精品线路，进一步加快旅游道路、厕所、集散中心、咨询服务中心、汽车营地、水电气暖、标识标牌等旅游基础设施建设。叫响叫亮“中国根　黄河魂”天下华人故里品牌，坚持以开展文化旅游“五个年”活动为抓手，加快推进文旅融合步伐，真正让临汾厚重的历史文化、丰富的文物资源活起来、火起来。

在临汾市文旅发展的整体规划与指引下，临汾加快景区创建工作，推进壶口瀑布、云丘山、尧庙・华门国家5A级景区创建和永和乾坤湾、中镇霍山七里峪等国家4A级景区创建。统筹推进文化和旅游在发展理念、公共服务、行政审批、市场监管、行政执法、宣传营销等领域全方位对接。高标准制定沿黄现代农业文化旅游开发区总体规划，启动实施沿黄七县全域旅游、特色小镇、田园综合体等重点文旅融合项目，建设具有黄河风情、黄土高原特色的旅游景区，努力打造国际旅游目的地。

## 三　沿黄流域县域影响力比较

黄河流经九省区中，县域数量庞大。在这些县域城市中，黄河旅游的发展规划更清晰，建设成果往往比较集中。综合各区域的传播指数及发展现状，永靖县的发展指数最高，其次是准格尔旗、孟津县、合阳县、永济市等地区。贵德县作为第二届中国黄河旅游大会的主办城市，其综合指数也位于榜单的前十位（见图12—3）。

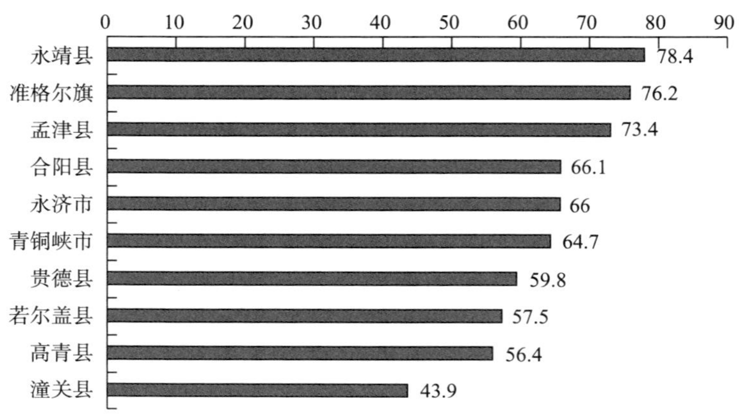


**图12—3　沿黄流域县域旅游影响力指数**

### （一）永靖县

永靖县位于兰州1小时都市经济圈内，县城地处青藏高原和黄土高原的过渡地带。悠久的历史、独特的地理环境，造就了永靖黄河三峡深厚的文化底蕴，是古代丝绸之路南线的主要通道，也是连接西北旅游线路的重要枢纽。近年来，为改善黄河两岸生态环境，永靖县相继对黄河南北两岸进行整体开发建设，实施人行步道工程和美化亮化工程，并结合黄河两岸夜游亮化工程，全面打造山景、水景、夜景、人文景观、生态景观交相辉映的三十里黄河旅游观光风情线。

永靖县提出了“蓝色黄河·魅力永靖”的响亮口号，着力打造黄河三峡国家4A级旅游景区，形成了炳灵峡、刘家峡、盐锅峡三大峡谷景观，重点打造了兰州—黄河三峡—临夏市—和政县—四川九寨沟、兰州—黄河三峡—临夏市—青海省、兰州—黄河三峡—临夏市—和政古生物化石3条精品旅游线路，形成了景区对接、点线结合的旅游格局。

### （二）准格尔旗

准格尔旗重点围绕“一带四游、多点支撑”的旅游发展总体框架，依托广袤的黄河峡谷风情和浑厚的黄河文化，打造成黄河大峡谷休闲度假旅游目的地，形成了“大成陵—大草原—大沙漠—大峡谷”自治区中西部精品旅游线路。准格尔旗依托黄河大峡谷、库布其沙漠、黄土丘陵砒砂岩、阿贵庙原始次生林等独特地貌，以及藏传佛教圣地宝堂寺、千年油松王、王爷府、古长城等文化古迹，开发了黄河大峡谷旅游区、准格尔召旅游区、油松王旅游区、黑圪崂湾湿地沙漠观光旅游区和暖水砒砂岩生态旅游区等特色旅游产业，为沿黄经济带的建设提供了强劲的动力。

### （三）孟津县

孟津县是一个具有4000年文明史的中州名县，位于万里母亲河黄河和千年洛河之间，是举世闻名的中华两河流域中心，是华夏民族的摇篮，是河洛文化的发祥地。境内有黄河小浪底风景旅游区，属于体现黄河历史文化和自然风光的大型山岳湖泊型风景区。八里胡同峡、龙凤峡、孤山峡峡谷幽深，号称“黄河三峡”。孟津县充分挖掘区域内的黄河旅游资源，形成富有孟津特色的黄河旅游产品和精品线路，促进黄河旅游主题产品深度开发，不断提高孟津旅游的知名度和影响力。

近年来，孟津县依托沿黄独特的自然风光，全力打造沿黄生态健身绿道，目前一期工程5.5公里环形彩色道路已建成。黄河小浪底文化旅游节成为孟津重要的旅游节会品牌，该节事活动依托沿黄独特的自然风光，让群众、游客参与其中，感受黄河绿道两岸的秀美风光。

### （四）青铜峡市

从2015年开始，主动融入“一带一路”倡议，整合包装旅游文化资源，使黄河大峡谷、中华黄河坛、黄河楼、黄河生态园和黄土地度假村等景区大放异彩。近年来，青铜峡市围绕“黄河岸边、稻花香里、贺兰山下”三条旅游主线，加快推进全域旅游景区化建设，先后建成黄河楼、黄河坛、大禹文化园等一批承载黄河文化的标志性景点，初步构建湿地、生态水系、文物古迹等多种元素汇聚的黄河文化旅游产业带，确定了“印象黄河　彩虹之上”青铜峡文化旅游品牌，为青铜峡市做大做强旅游产业奠定了基础。

## 四　沿黄流域景区传播力比较

在沿黄的主要旅游景区中，壶口瀑布、龙羊峡景区、阿坝九曲黄河第一湾、内蒙古响沙湾、宁夏中卫沙坡头、东营黄河入海口湿地公园、渍口古镇、黄河小浪底、皇城相府、青铜峡黄河大峡谷等媒体关注度最高。

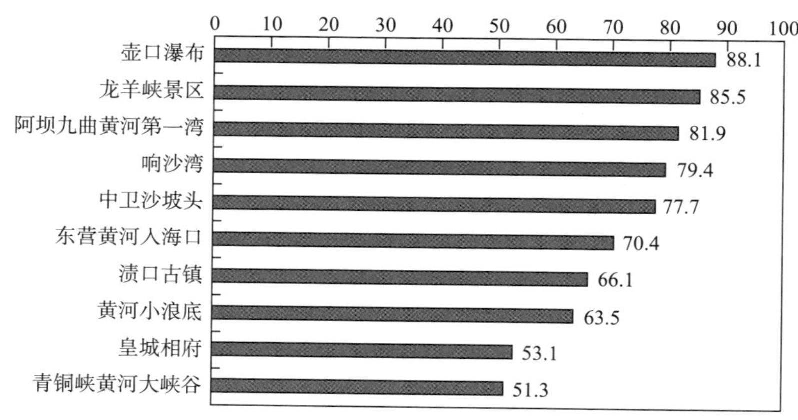


**图12—4　沿黄主要景区传播力指数**

### （一）阿坝九曲黄河第一湾

阿坝九曲黄河第一湾，位于四川省阿坝藏族羌族自治州若尔盖县唐克镇，此处是四川、青海、甘肃三省交界处。九曲黄河第一湾地处于国家高寒湿地保护区内，是全国三大名马河曲马的故乡，岛屿众多，红柳成林，水鸟翔集，渔舟横渡，形成“落霞与孤鹜齐飞，秋水共长天一色”的美妙景致，同时也是锦鸡、黄鸭、野兔、丹顶鹤、黑颈鹤的乐园，被中外科学家称为“宇宙中的庄严幻景”。

### （二）响沙湾

中国沙漠度假地——响沙湾是融观光与休闲度假为一体的综合型沙漠休闲景区，地处中国库布其沙漠的东端，是中国境内距离内地及北京比较近的沙漠旅游胜地，是国家5级旅游景区，国家文化产业示范基地。莲沙度假岛是一个以佛教文化为主的休闲的地方；福沙度假岛是蒙古人存在的世界，从祭敖包到蒙古女骑士，从参加鄂尔多斯婚礼到野外自助烧烤，从牧羊女到勒勒车，从草原泳池到蒙古帐篷群，以及萨满、奶食品、歌舞、篝火，等等。悦沙休闲岛——可以体验艺术与体育带来的愉悦，艺术体操、健美操、街舞、沙滩排球、沙雕、沙画等。仙沙休闲岛，休闲之余可参与沙漠探险与空中飞索、冲浪与秋千、轨道自行车，欣赏高空走钢丝、环球飞车、刀山、吃火、喷火，还有大型《沙漠杂技大世界》剧场等。

### （三）沙坡头

位于宁夏回族自治区中卫市东南缘的沙坡头是集沙、山、河、园于一身的国家5A级旅游景区，国家级沙漠生态自然保护区，北接腾格里沙漠，南临黄河，景区内险幽奇绝。沙坡头聚神山、大漠、黄河、绿洲、草原于一处，集长流水旧石器遗址、孟家湾新石器遗址、秦代窑场、汉代河堰、丝路驿站、西夏皇家花园于一地，融长城文化、丝路文化、游牧文化、农耕文化与现代治沙成果于一体，其多元融合的历史流光溢彩，其独具特色的景观使人流连忘返。丰富独特的旅游资源，悠久厚重的历史文化，享誉世界的治沙成果，确立了沙坡头在中国旅游界的独特地位。

# 参考文献


倪鹏飞主编：《中国城市竞争力报告 No. 17》，中国社会科学出版社 2019 年版。

刘志明主编：《新媒体影响力指数报告（2019—2020）》，中国社会科学出版社 2019 年版。

刘彦平主编：《中国城市营销发展报告 2018》，中国社会科学出版社 2019 年版。

李凡主编：《城市营销经典案例》，经济管理出版社 2014 年版。

过聚荣主编：《中国旅游民宿发展报告（2019）》，社会科学文献出版社 2019 年版。

中国旅游协会民宿客栈与精品酒店分会主编：《2019 全国民宿产业发展研究报告》，中国旅游出版社 2019 年版。

中国旅游景区协会，品橙旅游主编：《中国旅游景区绿皮书（2018）》，中国旅游出版社 2019 年版。

北京旅游学会主编：《北京旅游发展报告（2015）》，社会科学文献出版社 2015 年版。

宋宇主编：《世界旅游城市发展报告（2015）》，社会科学文献出版社 2015 年版。

宋瑞主编：《2015—2016 年中国旅游发展分析与预测》，社会科学文献出版社 2016 年版。

伍世代、陈敏华主编：《福建省旅游产业发展现状研究》，社会科学文献出版社 2018 年版。

北京巅峰智业旅游文化创意股份有限公司主编：《图解全域旅游理论与实践》，旅游教育出版社 2016 年版。

钟栎娜、邓宁编著：《智慧旅游——理论与实践》，华东师范大学出版社 2017 年版。

邓宁、牛宇：《旅游大数据：理论与应用》，旅游教育出版社 2019 年版。

匡林：《中国国家旅游形象研究》，中国旅游出版社 2013 年版。

马诗远：《国家旅游传播中的国家形象研究》，光明日报出版社 2010 年版。

山西省旅游发展委员会主编：《山西省旅游产业发展报告》2018 年》，山西省旅游发展委员会，2018 年。

王衍用、宋子千、秦岩编著：《旅游景区项目策划》，中国旅游出版社 2012 年版。